József Vas
Hypnose bei Psychosen

Quintessenz Bibliothek
Hypnose und Hypnotherapie
Herausgegeben von Hans-Christian Kossak

József Vas

Hypnose bei Psychosen

Eigenschaften der hypnotischen
Beziehung bei der Psychotherapie
schwer gestörter Patienten

mit einem Geleitwort von
Prof. István Mészáros, M.D.

Quintessenz

Anschrift des Autors:
József Vas, M.D.
Psychotherapeut, Hypnosetherapeut
Dept. of Psychotherapy, „Csanyik"-Sanatorium
Pf.: 613, 3510 Miskolc, Hungary

Herausgeber der Reihe
Quintessenz Bibliothek der Hypnose und Hypnotherapie:
Dr. Hans-Christian Kossak, Dipl.-Psych.
Schnatstr. 25, 4630 Bochum 1

Lektorat:
Dr. H.-C. Kossak, Heidi Hauschild

Anschrift des Übersetzers:
Dipl.-Psych. Hans-Jörg Hautkappe
Max-Stromeyer-Str. 9
7750 Konstanz

Die Deutsche Bibliothek – CIP Einheitsaufnahme

Vas, József:
Hypnose bei Psychosen : Eigenschaften der hypnotischen
Beziehung bei der Psychotherapie schwer gestörter Patienten /
József Vas. Mit einem Geleitw. von István Mészáros. -
München : Quintessenz, 1993
(Quintessenz Bibliothek Hypnose und Hypnotherapie ; Bd. 1)
ISBN 3-928036-54-8
NE: GT

Umschlagentwurf: Dieter Vollendorf, München
Satz/ Herstellung: Fa. Wirth, Regensburg
Druck und Bindung: Auer, Donauwörth
Printed in Germany
ISBN 3-928036-54-8
Verlagsbestellnummer 5116

In Liebe für Marika und Rita

Inhalt

Geleitwort

Vor zwei Jahrzehnten galt es als allgemein bekannte Tatsache, daß sich die Hypnosetherapie nicht für die Behandlung psychotischer Patienten eignet. Gill und Brenman (1959) beschrieben die Gefahren der Hypnose aus psychoanalytischer Sicht.

Einige Jahre später entdeckten verschiedene Psychiater Wege, um Kontakt zu psychotischen Patienten herzustellen, und erzielten einige Therapieerfolge. In diesem Zusammenhang müssen wir auch die Rolle Milton H. Ericksons erwähnen, der die sogenannten indirekten hypnotherapeutischen Techniken entwickelte, da die klassischen Induktionsmethoden in den meisten Fällen fehlschlugen. Gegenüber der herkömmlichen Entspannungsinduktion gewann der zwischenmenschliche Kontakt zwischen Therapeut und Klient immer mehr an Bedeutung. Aufgrund des experimentellen Ansatzes der Hypnose stehen uns heute mehr und mehr Daten und Argumente zur Verfügung, die belegen, daß der hypnotische Zustand durch einen rechtshemisphärischen (oder bevorzugt rechtshemisphärischen) Modus der Informationsverarbeitung gekennzeichnet ist. Der Vorstellungsprozeß, wie wir ihn kennen, steht eng mit der rechthemisphärischen Art des Denkens in Zusammenhang, was bedeutet, daß wir mit Hilfe hypnotischer Vorstellungstechniken sehr gute therapeutische Resultate erzielen können.

József Vas, der Leiter der psychotherapeutischen Abteilung unseres „Csanyik“-Hospitals, ist einer der erfolgreichsten ungarischen Psychiater und verfügt über hervorragende Kenntnisse der Literatur auf seinem Gebiet.

Als exzellenter Hypnosetherapeut ist er anerkannter Ausbilder für Hypnosetherapie der Ungarischen Gesellschaft für Hypnose und der erste in unserem Land, der begann, hypnotische Techniken bei Schizophrenen und Borderline-Patienten anzuwenden. Nach der umfangreichen Ausarbeitung der theoretischen Grundlagen seines therapeutischen Ansatzes erzielte er erstaunliche Resultate. Ein ausgesprochen wichtiger Aspekt bei der Behandlung von Patienten mit schweren Psychopathologien ist die Notwendigkeit der empathischen Regression. Die sogenannte „Counter-Trance“ kann uns dabei behilflich sein, den tief regredierten Patienten auf eine höhere Ebene der Regression zu bringen.

Dieser Behandlungsansatz erfordert vom Therapeuten einen hohen Grad der Involviertheit. Er muß während der Behandlung selbst in eine oberflächliche Trance gehen, seine Persönlichkeit stellt in diesem spezifischen Prozeß einen ausgesprochen wichtigen Faktor dar und ein breiter theoretischer Erfahrungshintergrund bezüglich psychotischer Störungen und symbolischer Phänomene ist wünschenswert.

Der Kliniker, der sich der Techniken des Leunerschen „Symboldramas" bedient oder das Vorstellungsbild des Schlosses verwendet, kann auf diese Weise dazu beitragen, die grundlegenden Pathologien des Ich zu beseitigen und zu heilen.

Im vorliegenden Buch von Herrn Dr. Vas finden sich sehr beeindruckende Beispiele für den Gebrauch spezifischer hypnotherapeutischer Ansätze bei der Arbeit mit psychotischen Patienten.

Ich bin überzeugt, daß das vorliegende Buch unsere Kollegen dazu anregt und sie dabei unterstützt, diese wichtigen, wenn auch schwierigen psychotherapeutischen Methoden im Bereich der Psychiatrie anzuwenden.

Debrecen, 1992

Prof. István Mészáros, M.D.
Präsident der Ungarischen Gesellschaft für Hypnose

Vorwort

Bei meiner Arbeit mit der Hypnose versuche ich stets, die wichtigsten und für die Persönlichkeit und Pathologie des jeweiligen Patienten bedeutsamsten Metaphern zu finden. Die Art der verwendeten Induktion passe ich den Charakterzügen des Klienten an, indem ich mich nach seinen bevorzugten Freizeitbeschäftigungen erkundige. Manche Patienten haben als Kind gerne mit Puppen gespielt, andere haben Bilderbücher und Märchen gelesen oder fanden gefallen daran, einfach nur durch die Landschaft zu wandern. Dies sind alles Kindheitsaktivitäten, die sich in realer oder symbolischer Art und Weise leicht mit frühen traumatischen Ereignissen in Zusammenhang bringen lassen.

Die Verwandten meiner Patienten werden in diese Art der Hypnosetherapie nicht miteinbezogen, und ich verfahre nach den Regeln der individuellen, mittelfristigen, dynamisch oder analytisch orientierten Psychotherapie, wobei ich ständig die Möglichkeit in Erwägung ziehe, daß das Auftreten einer neuen psychotischen Episode den therapeutischen Bezugsrahmen durchbrechen kann. Im Hinblick auf das Auftreten psychotischer Episoden schlage ich meinen Patienten vor, diese als fortgeschrittenere Zustände der Persönlichkeit zu betrachten, aus denen sie Freude und Kreativität schöpfen können. Es ist bemerkenswert, daß diese Formulierung von einem meiner Borderline-Patienten stammt. Man kann sagen, daß ich den Großteil der Techniken oder der therapeutischen Methoden, die ich verwende, von meinen schwer gestörten Patienten gelernt habe, weil diese Verfahren gleichwertig sind mit den von ihnen angestellten Bemühungen zur Selbsthcilung, welche sich sowohl in produktiver (Halluzinationen, Wahnideen) als auch in negativer Symptomatik (Stupor) äußern.

Niemals beginne ich eine „analytische Hypnosetherapie“ (d.h. eine Hypnosetherapie mit darauffolgender Analyse der Inhalte) mit einem akut psychotischen Patienten. Liegen psychotische Symptome vor, versuche ich den Patienten soweit zu bringen, daß er das am stärksten dominierende Symptom akzeptiert, woraufhin ich dieses mit Hilfe der Reframing-Technik so modifiziere, daß es zu einer potentiellen Selbstheilungsmethode kommt. Zwischenzeitlich betone ich immer wieder die positiven Aspekte des jeweiligen Symptoms. Wie der Leser später noch feststellen wird, ist es eine Eigenschaft der sogenannten counter-trance, daß die eigentliche psychotische Erfahrung, im Rahmen derer das Symptom auftritt, als eine Art pathologischer Trance behandelt wird. Der Therapeut bemüht sich nun darum, den Patienten auf eine weniger tiefe Ebene der Trance „heraufzuholen". Der Terminus „counter-trance" eignet sich meiner Meinung nach am besten dazu, die angenommene gegenläufige Bewegung und Annäherung der Bewußtseinsebenen von Patient und Therapeut zu beschreiben. Dieser dynamische Prozeß im Rahmen der Einheit von Patient und Therapeut wird durch die vom Therapeuten verwendeten Techniken des Reframing im Hinblick auf die positiven Assoziationen der psychotischen Symptome in Gang gebracht. Zum Beispiel könnte ein Patient seinen katatonen oder depressiven Stupor als unerträglichen und belastenden Zustand empfinden. Der Therapeut kann die Einstellung des Patienten zu seinem Symptom so verändern, daß es als eine Art harmonischer Verbundenheit mit der Dimension der Unendlichkeit, wie ein Zustand vor dem Akt des Rebirthing, ein Gefühl der Zeitlosigkeit oder Omnipotenz erlebt wird.

Dieses Buch widmet sich der Erforschung der verschiedenen Ebenen und Aspekte der hypnotischen Beziehung, es behandelt jedoch nicht die Themenkomplexe der Hypnotisierbarkeit psychotischer Patienten, der Pharmakotherapie und anderer Schwierigkeiten bei der Behandlung schwer gestörter Patienten. Der interessierte Leser mag diesbezüglich auf die entsprechende Literatur zurückgreifen.

Diese Arbeit schildert auf eine anschauliche Weise einen möglichen Weg, den Patient und Therapeut gemeinsam beschreiten können. Der Patient bewegt sich in einer Richtung von innen (aus dem Unbewußten heraus) nach außen (in die Realität), während der Therapeut eher den umgekehrten Weg von außen (über die Kontrolle des psychotischen Verhaltens des Patienten mit Hilfe der counter-trance-Technik) nach innen (hinein in die Struktur der Ich-Pathologie des Patienten). So ist Verstehen gleichbedeutend mit einem Weg von außen nach innen.

Nach einer kurzen Einleitung mit Anmerkungen zur Geschichte der Hypnosetherapie in Ungarn befaßt sich das erste Kapitel mit der Thematik der Kontrolle, den Fähigkeiten und Techniken des Therapeuten, die ihm dabei helfen, zu den Symptomen des Patienten Zugang zu finden, um diese zu kontrollieren. Kapitel zwei beschreibt die intersubjektive Verbundenheit und die Exploration der vor-, unter- und unbewußten Dimensionen der Einheit von Patient und Therapeut unabhängig davon, ob ein hypnotischer Zustand vorliegt oder nicht. Kapitel drei dringt bis zur tiefsten Ebene der hypnotischen Beziehung vor, nämlich zum schwachen Ich des

Patienten. Zwei klinische Fälle werden umfassend dargestellt, um dies zu veranschaulichen und die beiden letzten Kapitel anschaulich zusammenzufassen. Schlußfolgerungen weisen auf den theoretischen Hintergrund der Studien hin.

Großen Dank möchte ich vor allem meinen Patienten für ihre Mühe aussprechen, die sie sich bei der notwendigen gemeinsamen Arbeit in der Therapie gegeben haben. Die kritische Beurteilung des Textes durch Philip Zindel und Ernö Kunt waren mir eine große Hilfe. Danken möchte ich auch meiner Familie für die Geduld, die sie mir entgegenbrachte, während ich dieses Buch verfaßte, und nicht zuletzt meiner Schreibkraft und Korrektorin Frau Lopatovszki, die durch ihre Korrektheit und Begeisterung zum guten Gelingen der Arbeit beigetragen hat.

József Vas
Mai 1992

Vorbemerkung
Die Geschichte der Hypnose in Ungarn

Die Geschichte der Hypnosetherapie in Ungarn beginnt mit einem unglücklichen Zwischenfall um 1890, nachdem man kurz davor mit dem Einsatz hypnotischer Techniken bei der ärztlichen Behandlung begonnen hatte.

Ferenc Neukom, ein Brunnenmacher, versetzte seine Patientin, eine gewisse Ella Salamon, in Hypnose, konnte sie jedoch nicht mehr in den Wachzustand zurückrufen, und die junge Frau, die an Tuberkulose litt, starb. Obwohl es keine Beweise dafür gab, daß es die Hypnose war, die ihren Tod verursacht hatte, wurde es von diesem Zeitpunkt an in Ungarn nur noch Psychologen und Ärzten gestattet, hypnotische Techniken anzuwenden.

Anfang des 20. Jahrhunderts arbeiteten zwei prominente Vertreter der ungarischen Neuropsychiatrie, Pál Ranschburg und Károly Lechner, mit hypnotischen Heilverfahren und in den 50er Jahren war Ferenc Völgyesi der einzige ungarische Spezialist auf diesem Gebiet. Zu dieser Zeit begann István Mészáros in Leningrad mit seinen elektrophysiologischen Untersuchungen zur Hypnose und führte diese später in Budapest fort. Er regte die Gründung einer Arbeitsgruppe für Hypnose an, welche sich aus einigen experimentellen und klinischen Psychologen sowie Ärzten zusammensetzte, die auf diese Weise in hypnotischen Techniken ausgebildet wurden. Im Jahre 1975 wurde im Rahmen von „Psychotherapiewochenenden“ ein Trainingsprogramm in Hypnose begründet, welches die erste Art der Reformbewegung der Psychotherapie in Ungarn darstellte.

Im Jahre 1976 entdeckte Éva I. Bányai (Budapest) während ihrer Zusammenarbeit mit Ernest Hilgard in seinem Labor eine neue Form der experimentell beobachtbaren hypnotischen Trance: die aktiv-alerte oder dynamische Hypnose. Ihre Entdeckung widersprach Pavlovs Schlaftheorie, was das Wesen des hypnotischen Zustandes anging.

In den 80er Jahren wurde die ungarische Arbeitsgruppe für Hypnose ein Teil der ungarischen psychiatrischen Gesellschaft. Unter den ungarischen Forschern im Bereich der experimentellen Hypnose kennt man zwei verschiedene Gruppen, die unterschiedliche Richtungen verfolgen. Zunächst seien diejenigen genannt, die einen interaktiven Ansatz im Hinblick auf die Beziehung zwischen Hypnotiseur und Versuchsperson vertreten. Hierbei handelt es sich unter anderem um É.I. Bányai, Cs. Geössy-Greguss und K. Varga. Die zweite Gruppe, der u.a. Prof. I. Mészáros und Zs. Révész angehören, bemüht sich hauptsächlich darum, hypnotische Phänomene mit Hilfe elektrophysiologischer Techniken zu erforschen.

Auf dem Feld der klinischen Hypnose finden wir Ferenc Túry und Pál Szabó als Experten in der Behandlung von Eßstörungen, Kenéz Mórotz und Gyula Biró, die mit Angstpatienten arbeiten, György Kóczán, der im klinischen Setting synchrone Veränderungen der Herzfrequenz bei Hypnotiseur und Patient untersucht, István Boncz, den Vize-Präsidenten der Ungarischen Gesellschaft für Hypnose (HAH), und Éva Kigyós, die Sekretärin der HAH. Präsident der HAH ist zur Zeit István Mészáros.

Die HAH hat heute 130 aktive Mitglieder die sich alljährlich zu einer wissenschaftlichen Tagung treffen, was zum einen eine ausgezeichnete Gelegenheit dazu bietet, angesammelte Daten und Ergebnisse auf verschiedenen Gebieten der Hypnose gemeinsam einer Betrachtung zu unterziehen und zu diskutieren und es zum anderen ermöglicht, das Zusammentreffen mit Kollegen und Gleichgesinnten zu genießen. Die Aktivitäten der HAH erfreuen sich wachsenden Interesses von Seiten professioneller Psychotherapeuten, was sicherlich auch auf unseren Standpunkt zurückzuführen ist, daß Hypnose als eine von verschiedenen Arten therapeutischer Techniken im Rahmen der Psychotherapie betrachtet wird. Die HAH-Kriterien für die Ausbilder von Hypnosetherapeuten sind ausgesprochen streng, was die Anforderungen an potentielle Kandidaten betrifft:

1.) Ein Diplom als Psychologe oder Arzt,
2.) 90 Stunden Selbsterfahrung in einer vom Kandidaten selbst gewählten Form der Psychotherapie,
3.) 30 Stunden Selbsterfahrung in Gruppenhypnose oder 15 Stunden Einzelsitzungen,
4.) 20 Theoriestunden,
5.) 100 Stunden Ausbildung in Hypnosetherapie (Hypnoseübungen und Supervision),
6.) ein Examen, das Diplom in Hypnosetherapie, wobei der Kandidat zwei Fälle mit hypnotherapeutischen Methoden zu bearbeiten hat,
7.) Postgraduiertentraining, Forschungsprojekte, Veröffentlichungen,
8.) Prüfung zur Erlangung des Titels eines Ausbilders in Hypnosetherapie.

Dieses Programm wurde im Jahre 1991 beschlossen, was Anlaß zu der Hoffnung gibt, daß die Hypnose in Ungarn neue Dimensionen gewinnen wird.

Wichtig erscheint dies vor allem, da es regelmäßig zu großen Rivalitäten zwischen einheimischen und russischen Hypnotiseuren, die in Ungarn praktizieren, kommt. In unserem Land wird die Hypnose häufig als ebenso okkult und geheimnisvoll angesehen, wie die Parapsychologie oder Astrologie und aus diesem Grunde werden von der Hypnosetherapie häufig regelrechte Wunderdinge erwartet. Diese Erwartungen werden jedoch fast ausschließlich durch die Praktiken unqualifizierter ausländischer Hypnotiseure erzeugt, da die Mitglieder der HAH Hypnosetherapie nur unter Berücksichtigung der ethischen und wissenschaftlichen Richtlinien ausüben, die besagen, daß die Behandlung den Bedürfnissen des Patienten dienen sollte und nicht den Omnipotenzphantasien des Therapeuten.

Für die Praxis der Hypnose ist es notwendig, daß sie durch neue gesetzliche Bestimmungen und Übereinkünfte reglementiert wird, wobei ethischen Normen und Qualifikationskriterien oberste Priorität beigemessen werden sollte. Hier zeigen sich auch enge Beziehungen zu den momentanen politischen und sozialen Veränderungen in Ungarn. Menschen, die an die Omnipotenz der kommunistischen Ideologie gewöhnt waren, suchen nach neuen Möglichkeiten, diese nunmehr überkommenen Machtstrukturen wiederherzustellen. Derjenige Hypnotiseur oder „magische“ Heiler, welcher sich eine entsprechend omnipotente Rolle anmaßt, wird es ein leichtes finden, auf diese Weise eventuell vorhandene Bedürfnisse der Bevölkerung zu befriedigen.

Einleitung

Die Begegnungen mit verschiedenen Spielarten psychischer Störungen stellen in jedem Fall verblüffende Erfahrungen dar. Niemand kann gegenüber diesen Eindrücken neutral bleiben, mancher wird sich von ihnen distanzieren und andere werden aufgeschlossener für sie sein. Ablehnung und Akzeptanz zeigen sich sowohl im Alltagsleben wie auch im Bereich der Wissenschaft. Eine der objektiv-rationalisiertesten Formen der Ablehnung, die sich im Rahmen der wissenschaftlichen Psychiatrie des 20. Jahrhunderts entwickelte, scheint die nosologische Betrachtungsweise psychischer Störungen zu sein (Kraepelin, 1919; Leonhard, 1966). Andererseits könnte man den Ansatz der gemeinsamen Erfahrung (Laing, 1962; Jung, 1961; Balint, 1968; Kohut, 1977; Murray-Jobsis, 1985) als die subjektiv-emotionalste Art der Akzeptanz bezeichnen.

In den Reihen der exakten Beobachter entwickelten sich die biologischen und bei den Forschern und Klinikern, die eher Wert auf ein empathisches Verstehen der Problematik legten, die psychodynamischen Theorien der psychischen Störungen. Es stellt eine zu starke Vereinfachung der Thematik dar, zu sagen, daß die biologische Betrachtungsweise psychotischer Störungen eine eindeutig ablehnende Haltung zum Ausdruck bringt, in einigen Aspekten scheint sie mir jedoch der menschlichen Natur fremd zu sein.

Ergebnisse psychodynamisch orientierter Therapien bei der Behandlung von Psychotikern und Borderline-Patienten scheinen diese Behauptung zu untermauern. Tatsächlich herrscht bezüglich der Wichtigkeit der Beziehung zwischen Patient und Therapeut für die Aufrechterhaltung der Kooperation immer mehr Übereinstimmung unter den Vertretern des biologischen Ansatzes (Kane, 1988). Auf der anderen Seite erkennen Psychotherapeuten ohne Zweifel die Zweckdienlichkeit einer medikamentösen Behandlung an, vor allem wenn es sich um akute psychotische Episoden handelt.

Hypnose versus Analyse – ein historischer Abriß

Bei der Betrachtung verschiedener psychotherapeutischer Methoden überrascht es, daß man im 19. Jahrhundert die Hypnose als einzige Behandlungsform ansah, die sich für die Behandlung schwer gestörter Patienten eignet (Haule, 1986). Nachdem Freud sich von ihr losgesagt hatte, schien sie „gestorben" zu sein, wie Pierre Janet es ausdrückte, obwohl die Psychoanalyse noch einige ihrer Elemente verwendete, wie zum Beispiel die entspannte Haltung des Patienten (Gravitz & Gerton, 1984).

Die exakt beobachtende Haltung des Therapeuten entwickelte sich eigentlich als Abwehr gegen die in der Hypnose oft empfundene Verschmelzung von Patient und Therapeut, die Freud selber fürchtete (Freud, 1916-17).

Trotzdem erlaubten, – bis auf wenige Ausnahmen –, die strengen Regeln der Psychoanalyse es Freud nicht, diese Techniken für die Behandlung von Borderline-Patienten und Psychotikern anzuwenden. Das heißt, daß es in der Geschichte der Psychotherapie des 20. Jahrhunderts zu einem verblüffenden rückläufigen Prozeß kam: je weniger suggestive Methoden man verwendete, desto weniger problematische Patienten konnten geheilt werden.

Freuds Nachfolger sahen sich dazu gezwungen, orthodoxe analytische Techniken mit wiederaufgearbeiteten suggestiven Methoden zu kombinieren, die aus der „guten alten Zeit" der Hypnose stammten, um mit Problemen wie der „narzißtischen Neurose" umzugehen.

Die Einflüsse tiefenpsychologischer Schulen

Im Jahre 1916 entwickelte Jung eine Methode zur Fokussierung auf bildhafte Vorstellungen, die er aktive Imagination nannte und die oft archetypische Bildinhalte wie Hexen, Teufel, Zauberer, Helden und weise Männer produzierte (Horowitz, 1970).

1923 schrieb Ferenczi über die Technik der „forced fantasies", die er bei seinen Patienten nach der Herbeiführung einer tiefen Regression mit nahezu halluzinatorischen Erfahrungen anwendete (Ferenczi, 1950). Später wurde diese Methode als „Neo-Katharsis" bezeichnet, was auf ihre

Gemeinsamkeiten mit Freuds und Breuers kathartischen Techniken schließen läßt.

In einem bemerkenswerten Versuch, die psychoanalytische Interpretation der Regression und der Hypnose zu begründen, betonen Gill und Brenman (Gill & Brenman, 1959), daß jede psychotherapeutische Situation auf mehr oder weniger ausgeprägte Weise ein Angebot an den Patienten ist, mit oder ohne die Hilfe der Hypnose eine Regression mitzumachen.

Die Therapie schwerer Psychopathologien: Zweiteilung in den Hypnosekonzepten

Nach dieser psychoanalytischen Auffassung kann man die Anwender psychotherapeutischer Techniken bei der Behandlung schwerer Psychopathologien in zwei Gruppen einteilen.

Ein Teil der Kliniker scheint *non-analytische*, hauptsächlich hypnotische Methoden nach dem Vorbild von M.H. Erickson anzuwenden (Haley, 1967), der seine einzigartigen kommunikativen Strategien dazu entwickelt hat, eine psychotherapeutische Interventionsmethode zu begründen, die positive Veränderungen bezüglich neurotischem und psychotischem Erleben und Verhalten induzieren soll. Diese Entwicklungsrichtung lehnt sich auch an kognitive, verhaltensorientierte und sogar an Theorien des sozialen Lernens und des Rollenspiels an. Vergleiche zwischen veränderten Bewußtseinszuständen und pathologischer Trance wurden im Rahmen der experimentellen und klinischen Psychologie untersucht (Hilgard, 1977; Sarbin & Coe, 1972; Fromm, 1978-79; Lavoie & Elie, 1985).

Die andere Richtung hielt sich eher im Rahmen der klassischen Psychoanalyse, auch sie wich jedoch in mehr oder weniger starkem Maße von traditionellen Praktiken und Theorien ab. Drei getrennte theoretische Richtungen lassen sich erkennen:

1. Theorien, die zwischenmenschliche Aspekte betonen (S. Sullivan, R. und Th. Lidz)
   Aus dieser Richtung ergeben sich neue Perspektiven, die zur Kommunikationstheorie (G. Bateson und D. Jackson) und zum Familientransaktionsmodell psychotischer Zustände führen (L. Wynne, R. Singer, H. Stierlin), wobei der psychoanalytische Rahmen verlassen wird (McGlashan, 1988).

2. Theorien der Ich-Psychologie
   Diese Theorien reichen von Freuds Doppeltheorie der Konfliktabwehr und Defizitmodellen über Federns „ego state"-Theorie, Hartmanns Ich-Analyse, Kohuts Selbst-Psychologie, Kernbergs Repräsentationstheorie bis hin zu der neueren „ego state"-Theorie, die von Watkins entwickelt wurde.
3. Objektbeziehungen und Entwicklungstheorien
   In diesem Bereich spielen Beiträge wie die von Melanie Klein (1948), Fairbairn (1954), Balint (1968), Arieti (1974) und anderen eine wichtige Rolle.

Die meisten traditionellen Formen der Psychotherapie, seien sie verhaltensorientiert oder analytisch, sind also nicht dazu imstande, sich erfolgreich mit der Behandlung schwerer Psychopathologien zu befassen. Nun müssen wir Berührungspunkte finden, die zum einen den großen theoretischen und praktischen Sprung hin zu der Therapie schwer gestörter Patienten ermöglichen und die uns gestatten, die Zweckdienlichkeit der Hypnose auf diesem Gebiet neu zu evaluieren.

Hypnose im Rahmen eines psychotherapeutischen Ansatzes zur Behandlung schwerer Psychopathologie

Drei Bereiche konzeptueller Annäherungen scheinen für die Begründung einer Hypnosetherapie bei Psychotikern von herausragender Bedeutung zu sein:
1. Der Bereich der Kontrolle
2. Der Bereich der intersubjektiven Verbundenheit
3. Der Bereich der Ich-Pathologie

Diesen Bereichen entsprechend wurde die Kapitelaufteilung vorgenommen.

Kapitel 1

Der Bereich der Kontrolle

1.1 Einstellungen gegenüber psychotischem Verhalten

Als auffälligstes Symptom schwer gestörter Patienten tritt deren fehlangepaßtes Verhalten zutage. Allgemeingültige Regeln und Verhaltensweisen für den Umgang mit Psychotikern erscheinen uns notwendig, insbesondere im Hinblick auf unsere eigene Hilflosigkeit zum Beispiel bei der Begegnung mit dem destruktiven Verhalten eines Schizophrenen während akut psychotischer Episoden oder dem magischen Kontrolldenken eines Borderline-Patienten.

Hier ist von immanenter Bedeutung, was die Theorie der sozialen Beeinflussung eine Veränderung zweiter Ordnung nennt (Watzlawick et al., 1974), weil die oben erwähnte Modifikation solch fehlangepaßten Verhaltens nicht aus einer direkten, ohne großen Aufwand zu bewerkstelligenden Eliminierung bestehen kann.

Es ist immer besser, zu einem im katatonen Zustand befindlichen, stummen Patienten gar nichts zu sagen, als zu versuchen, ihn mit den Worten „Sie müssen jetzt reden!" zum Sprechen zu bewegen. Wenn die Freiheit eines Menschen eingeschränkt oder bedroht wird, stellt sich ein bestimmtes Gefühl ein, das als kognitive Reaktanz bezeichnet wird (Brehm, 1966, zit.: Sherman, 1988) und welches den Betroffenen dazu motiviert, die durch die Eliminierung bedrohte Verhaltensweise beizubehalten. Wenn es verboten wird, stumm zu sein, wird der Katatone noch hartnäckiger darauf bestehen, als dies zuvor der Fall war (s. Abb. 1).

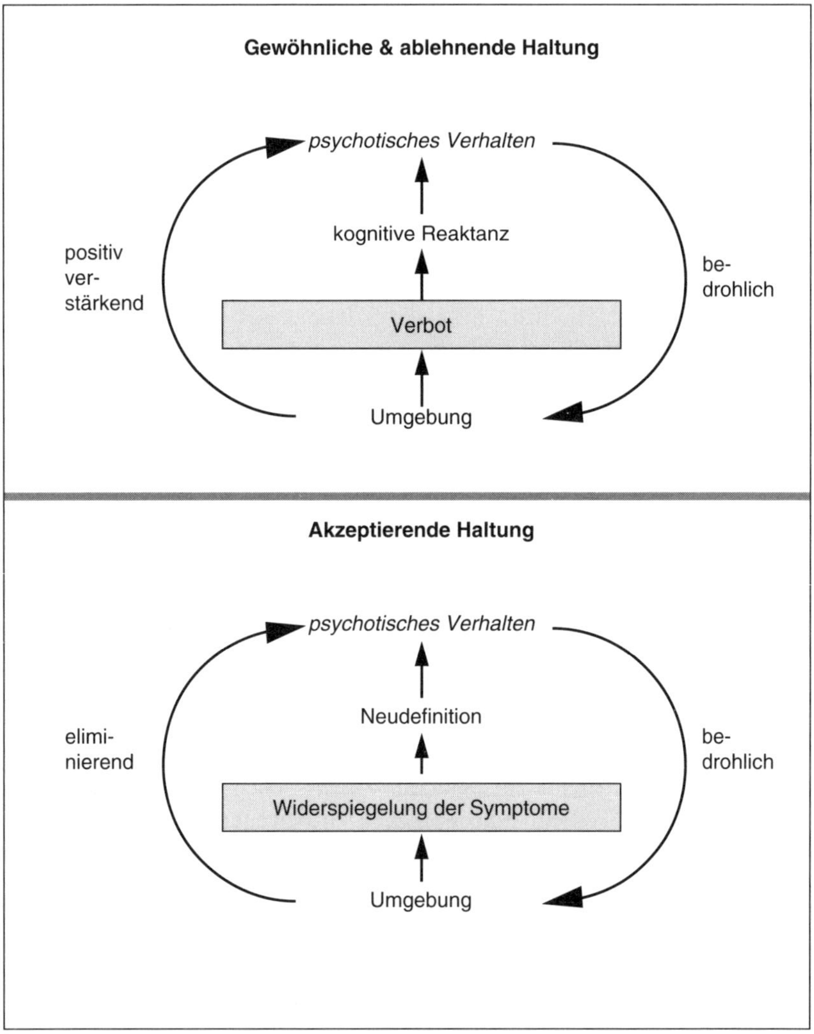

Abbildung 1: Einstellungen gegenüber psychotischem Verhalten

Der Hypnose-Ansatz Ericksons

Nach vielen theoretischen Erwägungen entwickelte Milton H. Erickson (1964) an der Palo Alto School einen kommunikationsstrategischen psychotherapeutischen Ansatz, um bewußtes, unterbewußtes und unbewußtes symptomatisches Verhalten neurotischer und sogar psychotischer Patienten zu behandeln. Um Gedanken, Gefühle und Verhalten auf verblüffend wirksame Weise zu modifizieren, verwendet die Ericksonsche Psychotherapie aus diesen Bereichen stammende verdeckte Elemente und Ressourcen des Patienten. Ein schwer gestörter Klient, der sein Verhalten offensichtlich nicht unter Kontrolle hat, kann sein Symptom unter Umständen ich-fremd empfinden.

Um die Kontrolle über seine Symptome wiederzuerlangen, braucht der psychotische Patient einen Menschen, der ihm seine Symptomatik widerspiegelt, wodurch er fähig wird, zu erkennen, daß das Symptom einen Teil seiner Persönlichkeit darstellt, der reintegriert werden sollte. Während der Klient einen Teil seiner selbst in der Interaktion mit dem Therapeuten oder dessen Intervention wiedererkennt, werden seine Ich-Grenzen für den Therapeuten durchlässig. Letzterer wird vom Patienten als der tröstende und beruhigende Teil des Selbst empfunden, der die ganze Energie der bedrohlichen psychischen Prozesse abwenden kann.

Überlegungen zur Indikation der Hypnose

Das für Psychotiker typische Symptom unscharfer Ich-Grenzen stellt für die Therapie eine zusätzliche Schwierigkeit dar. Der Therapeut ist hier herausgefordert, diese unscharfen Ich-Grenzen des Klienten zu durchdringen und so zu einer Art Repräsentant seines Patienten zu werden, was eine hervorragende Voraussetzung zur Induzierung einer hypnotischen Trance darstellt.

Hier muß bemerkt werden, daß sich nicht alle Ericksonschen Techniken dazu eignen, bei schwer gestörten Patienten einen hypnotischen Zustand herbeizuführen, sondern nur diejenigen, die uns dabei helfen, eine symbiotische Beziehung (siehe auch später zum Thema der intersubjektiven Verbundenheit) zwischen Patient und Therapeut herzustellen. Im folgenden werden Interventionstechniken geschildert, die besonders für die Anwendung bei Psychotikern geeignet sind.

1.2 Kontrolltechniken

Kontrolltechniken sollten Elemente der Akzeptanz, der Empathie und Fürsorge enthalten. Einige dieser Interventionen werden schon beim ersten Kontakt mit Psychotikern angewandt, um deren Aufmerksamkeit zu leiten und zu steuern („pacing and leading") (Edgette, 1986).

„Pacing beinhaltet das Erkennen, die aktive Akzeptanz und die Darstellung des Verhaltens der Versuchsperson oder des Klienten, um einen Rapport aufzubauen ... Sobald dieser hergestellt ist, kann er zum zentralen Punkt werden, von welchem aus der Therapeut anleitende („leading") Suggestionen gibt, die unterschiedliche Arten von Verhalten induzieren." (Edgette, 1986, S. 97)

Positives Reframing und Symptomverordnung (Zeig, 1980a, b), die „yes-set"-Technik (Brink, 1981) und der Utilisationsansatz (Zeig, 1985) können als vorteilhaft für akut psychotische Patienten bewertet werden. Mit Hilfe eines Beispiels läßt sich dies verdeutlichen:

Eine 25jährige Patientin wurde in die Klinik eingewiesen, weil ihr akut schizophrener Stupor drei Tage lang angedauert hatte. Ihr Ehemann konnte sich nicht vorstellen, was der auslösende Faktor hierfür gewesen sein könnte. Er gab jedoch an, daß sich seine Frau ständig um die Tochter Gedanken machte. Dann hörte sie auf zu essen, zu sprechen und sich zu bewegen. Sie war anscheinend sehr ängstlich und passiv negativistisch.

Als Therapeut begann ich wie folgt mit ihr zu sprechen: „Sie müssen wissen, daß ich es verstehen kann, daß Sie absolut nichts sagen wollen. Tatsächlich war ich schon einmal in einer ähnlichen Situation, in der ich kein Wort mehr sagen wollte. Wenn Sie nicht reden wollen, können Sie es bleiben lassen, ich werde an Ihren Augen erkennen, was Sie sagen wollen. Man zwingt Sie zu gar nichts. Sie brauchen gar nicht so viel zu essen, wenn Ihr Hals vor Angst zusammengeschnürt ist. Sie sollten nicht so ängstlich sein, da der Fehler, den Sie begangen haben, nicht so schlimm ist, daß Sie sich schuldig fühlen müssen."

In diesem Augenblick begann die Patientin, über ihre wahnhaften Schuldgefühle zu sprechen, die daher stammten, daß sie glaubte, eine schlechte Mutter für ihre Tochter zu sein. Der Stupor löste sich und sie akzeptierte eine Medikation.

Hier stellt sich die Frage, ob dieses Gespräch überhaupt eine hypnotische Trance beinhaltet und wenn ja, welche Form der hypnotischen Trance hier wirksam war. Um eine Antwort auf diese Frage zu finden, müssen wir die Einzigartigkeit der therapeutischen Beziehung zu psychotischen Patienten betrachten.

1.3 Das Konzept der Counter-Trance

Die fließende Interaktion zwischen Patient und Therapeut (Stricherz, 1984) gilt als einer der wichtigsten Faktoren im Bereich der Kontrolle bei Psychotikern und ist damit eine wesentliche Voraussetzung für die Anwendung sanfter Techniken wie der Hypnosetherapie. Im Rahmen dieser fließenden Interaktion finden wir die Grenze zwischen Wach- und hypnotischem Zustand so verschwommen wie die Grenze zwischen Selbst und Objekt, Ich und Nicht-Ich. Dies kann uns dabei helfen, die interaktive Natur der psychotischen Regression und der Trance besser zu verstehen, wobei wir stets die Möglichkeit gemeinsamer Regressionserfahrungen des Patienten und des Therapeuten in Erwägung ziehen sollten.

Es ist offensichtlich, daß ein akut wahnhafter Zustand auf dem Kontinuum zwischen Primär- und Sekundärprozessen einer tieferen Ebene zugeordnet werden muß als die hypnotische Trance (Fromm, 1978-79). Im Gegensatz zur Beständigkeit des normalen Wachzustandes kann sich in der psychotischen Trance ein schneller Wechsel von Wachheit und veränderten Bewußtseinszuständen einstellen, weil Inhalte des Unbewußten die geschwächten Abwehrmechanismen durchbrechen können und so ins Bewußtsein aufsteigen. Wenn Therapeut und Patient zusammentreffen sollen, muß ersterer dem Auf und Ab des Patienten folgen, indem auch er seine eigenen Abwehrmechanismen abschwächt. Der Therapeut erfährt selbst eine Regression und gerät auch in Trance, was dem Zwecke dient, sich auf den Gefühlszustand des schizophrenen Patienten einzustellen (Scagnelli, 1980). Diese empathische Trance ähnelt sehr der im Schamanismus verwendeten Heiltrance, bei der der Schamane die Verantwortung dafür übernimmt, gegen die bösen Zaubermächte im Innern des Kranken vorzugehen (Roheim, 1932).

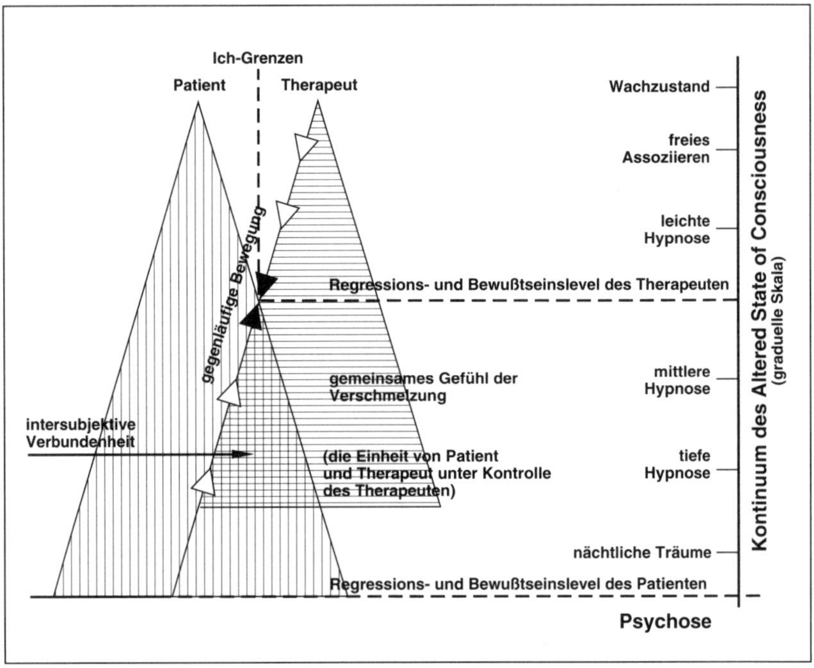

Abb. 2: Das Konzept der Counter-Trance
Wechselwirkung zwischen den Bewußtseinszuständen von Patient und Therapeut während der Counter-Trance

Abbildung 2 zeigt eine schematische Verdeutlichung des counter-trance-Konzeptes. Patient und Therapeut werden als sich teilweise überlappende Dreiecke dargestellt. Sind sie „eng genug" beisammen, stellt sich ein gemeinsames Gefühl der Verschmelzung ein. Da im Falle einer schwer gestörten Persönlichkeit die Ich-Grenzen des Patienten unscharf sind, können sich beide, sofern der Therapeut die psychotischen Symptome des Patienten akzeptiert, näher und näher kommen. Schließlich resultiert dieser Prozeß in der Herstellung eines intersubjektiven Kommunikationskanals zwischen Patient und Therapeut, durch welchen im Inneren repräsentierte Objekte ausgetauscht werden können. Das Konzept der counter-trance kann somit einen Prozeß der Konvergenz oder Annäherung in der Beziehung von Patient und Therapeut erklären. Dies kann als eine Art Herstellung des Gleichgewichts oder Ausbalancierung der Bewußtseins- und Regressionszustände von Patient und Therapeut betrachtet werden. Zusätzlich kommt es zu einer Verschmelzungserfahrung oder intersubjektiven Verbundenheit als Teilaspekt der Einheit von Patient und Therapeut, welche jedoch von letzterem kontrolliert wird.

Ich glaube, daß der Therapeut den Patienten im Falle einer akuten Psychose aus einem tieferen Niveau der pathologischen Trance in die Nähe des Wachzustandes „heraufholen" will (in einen Zustand schwächerer Trance), damit eine empathische Kommunikation und gegenseitiges Verständnis hergestellt werden können. Während der Therapeut sich darum bemüht, den Patienten in Richtung auf den Wachzustand zu bewegen, wird er eine empathische Regression auf ein Level mitmachen, welches sich ein wenig oder eine Stufe höher ansiedeln läßt, als das des Patienten. Es ist offensichtlich, daß sich Patient und Therapeut bezüglich ihres Bewußtseinszustandes in verschiedene Richtungen bewegen. Aus diesem Grunde möchte ich vorschlagen, das oben genannte Phänomen „Counter-Trance" zu nennen.

Eine counter-trance herbeizuführen erfordert ebensolche Mühe wie eine herkömmliche Tranceinduktion, weil in beiden Fällen gleich große Widerstände überwunden werden müssen.

Diese Anstrengung bei der Induktion der Counter-Trance sowie die latente Gefahr, den Patienten statt in Richtung Wachzustand irrtümlich tiefer in die Psychose zu führen, bewirkt bei vielen Therapeuten eine – verständlicherweise – eher ängstliche und ablehnende Haltung gegenüber der Hypnose psychotischer Patienten (Kroger & Fezler, 1976). Obwohl tatsächlich eine geringe Gefahr besteht, den Patienten auf ein tieferes Level der psychotischen Trance zu führen, erscheint im Gegenteil die Wahrscheinlichkeit groß, den Patienten durch die Counter-Trance etwas aus seiner Psychose herauszuholen (Murray-Jobsis, 1984). Durch die Herbeiführung der Counter-Trance besteht ferner die Möglichkeit, den Patienten auf ein höheres Niveau der Regression zu führen, was Levin und Harrison (1976) als eine Regression im Dienste des Ich bezeichnen.

Meiner Ansicht nach enthält der Counter-Trance-Prozeß all die beeinflussenden Kommunikationselemente, die eine Veränderung zweiter Ordnung im psychotischen Verhaltensmuster des Patienten herbeiführen können.

Da die Hypnose bei Psychotikern sich in verschiedenen Aspekten von der Hypnose neurotischer Patienten unterscheidet, kann die Counter-Trance nicht als direktes Äquivalent zur Hypnose im traditionellen Sinne gesehen werden. Bei der Hypnose von Psychotikern ergeben sich erhebliche Schwierigkeiten durch die Angst vor dem Verlust der Selbstkontrolle, vor menschlicher Nähe und davor, die negativen Selbstkonzepte aufzugeben (Scagnelli, 1976; Murray-Jobsis, 1984).

Um diesen Schwierigkeiten zu begegnen und um ein Gefühl von Sicherheit und Selbstkontrolle beim psychotischen Patienten zu verstärken, wurden Selbsthypnose und die Tranceinduktion bei geöffneten Augen vorgeschlagen. Auf die Problematik beim Aufgeben der negativen Selbstkonzepte und der psychischen Distanz werde ich an späterer Stelle in diesem Artikel zurückkommen.

Hypnose oder Counter-Trance?

Die obigen Ausführungen werfen die Frage auf, ob für den psychotischen Patienten das Erleben einer Hypnose oder einer Counter-Trance einen größeren Vorteil darstellt.

Im Zweifelsfall ist die Beantwortung dieser Frage vom Verhalten des Patienten und dessen Möglichkeiten der Kontrolle sowie vom persönlichen Stil des Therapeuten abhängig zu machen. Wenn die Möglichkeit besteht, ein Arbeitsverhältnis mit dem Erwachsenen-Ich des Patienten mit Hilfe hypnotischer Techniken und Hypnosetherapie einzugehen, kann sich die Behandlung positiv entwickeln.

Manchmal ist es schwierig, zwischen hypnotischer Trance und Counter-Trance zu unterscheiden, da sich das Ausmaß der psychotischen Regression ständig verändert. Wenn der Therapeut bei seinen Bemühungen, eine Counter-Trance zu induzieren, die Kontrolle übernimmt, gestattet die neue Situation die Induktion eines hypnotischen Zustandes. Zum Beispiel ließ sich die oben erwähnte schizophrene Patientin leicht in Hypnose versetzen, nachdem sie massive psychotische Symptome gezeigt hatte, um ihre paranoiden Angst- und Schuldgefühle zu bewältigen. Unter günstigen Umständen gelingt es dem Therapeuten im Verlauf einer Sitzung, zunächst die Kontrolle zu übernehmen (Counter-Trance) und den Patienten anschließend zu hypnotisieren (Trance). Es existieren Parallelen zu den magischen Kräften berühmter historischer und mythischer Heiler und ihren Praktiken, die auf viele Menschen einen enormen Einfluß ausübten (Jung, 1978).

Wenn wir nun zum Ericksonschen Ansatz zurückkehren, muß erwähnt werden, welch große Bedeutung der Wortwahl des Therapeuten („word magic“ – Kirmayer, 1988), den unbewußten Wünschen des Patienten, archaische Omnipotenz zu erlangen, und seiner Tendenz, die idealisierten omnipotenten Persönlichkeitseigenschaften des Therapeuten in sich aufzunehmen, beigemessen werden muß (“archaische Involviertheit“ – Diamond, 1988).

Um Kontrolle über die desorganisierten psychischen Vorgänge des Patienten zu gewinnen, gebraucht der Therapeut die Sprache der Primärprozesse des Patienten (Lavoie & Elie, 1985) oder metaphorische Umschreibungen für diese Prozesse (Gordon, 1978), weil die Widerspiegelungstechnik dies erfordert. (In späteren Teilen dieses Artikels wird diese Thematik weiter diskutiert werden.)

1.4 Überwindung von Widerständen mit Hilfe der Counter-Trance

Während ein akuter Psychotiker mit Wahnvorstellungen den Großteil seiner gestörten psychischen Prozesse auf die Außenwelt projiziert, wird ein katatoner Patient mit Stupor seine Projektionen und seine Energie von der Außenwelt abwenden. In diesem Fall trifft man oft auf einen massiven Verlust oder auf das vollkommene Fehlen der kommunikativen Fähigkeiten des Patienten. Hier kann man durch Herstellen von Kontrolle bessere Voraussetzungen für eine Kommunikation schaffen. Als weitere hilfreiche Maßnahmen lassen sich Utilisation der Symptome und positive Reframing-Techniken einsetzen, da sie das narzißtische Gleichgewicht gegebenenfalls wiederherstellen können.

Das Fehlen eines primären Narzißmus kann in Fällen von Katatonie als grundlegende Störung betrachtet werden, die zu einem Zustand von Nicht-Erleben (Ogden, 1982), totaler Zurückgezogenheit, Isolation und einer anscheinenden Verleugnung der inneren und äußeren Realität führt. Wir können diesen Zustand des „psychischen Todes“ als Gefühl der Einigkeit, der harmonischen Verbundenheit mit der Unendlichkeit, als ein Gefühl von Ewigkeit und Zeitlosigkeit umdeuten. All dies kennzeichnet auch die Phase unmittelbar vor einem Rebirthing (Jung, 1973) sowie eine Regression zu den Ursprüngen der Menschheit (Eliade, 1957). Wir können die Reframing-Technik mit Hilfe eines Counter-Trance-Prozesses durchführen und den Patienten auf diese Weise Schritt für Schritt aus dem Zustand der tiefen Regression zurückholen. Falls dadurch die Aufmerksamkeit des Patienten eingeschränkt wurde, kann der Therapeut versuchen, dem Patienten Suggestionen wie die oben erwähnten zu geben, um bildhafte Vorstellungen herbeizuführen (s. Abb. 3).

Wenn die Psychose des Patienten als pathologische Form der Trance gesehen wird, in deren Verlauf belastende und überwältigende Symptome wie zum Beispiel Stupor oder Negativismus auftreten können, sollte die Counter-Trance eine Art Gegengewicht zu diesen Symptomen bilden und deren positive Aspekte in den Vordergrund rücken.

Einem 26jährigen schizophrenen Patienten, der einen nahezu katatonen Stupor zeigte, wurden abwechselnd Suggestionen gegeben, die eine Erweiterung bzw. Verengung seines psychischen Horizontes bewirken sollten. Sein Geist sollte sich einmal so stark erweitern, als ob er mit dem Kosmos verschmelzen wollte, und sich dann wieder so sehr verengen, daß er dazu fähig wäre, in ein Ei zu schlüpfen, wo er Wärme, vollkommene Zufriedenheit und Sicherheit erleben könnte. Nach der Hypnose fühlte er sich viel besser und bemerkte, daß er letzteres als besonders angenehm empfand.

Hypnose bei Borderline-Patienten

Im folgenden werde ich auf Probleme eingehen, die beim Einsatz hypnotischer Techniken bei Borderline-Patienten auftreten können.

Diese Frage ist insbesondere von Interesse, da Borderline-Persönlichkeiten auf der Verhaltensebene ein starkes, unbewußtes Bedürfnis zeigen, andere Menschen auf magische Weise zu kontrollieren. Um einen Konflikt zwischen der magischen Kontrolle und der „Gegenkontrolle" des Therapeuten zu vermeiden, muß letzterer wie eine weiße Wand wirken, auf welche der Patient seine unbewußten Phantasien projiziert (Ogden, 1982; Baker, 1981).

Ich bin davon überzeugt, daß man einen Borderline-Patienten nur dann hypnotisieren kann, wenn es ihm bereits gelungen ist, die problematischen Anteile seiner Persönlichkeit auf den Therapeuten zu projizieren und dieser dazu bereit ist, sie in sich aufzunehmen. Es ist außerordentlich wichtig für die Therapie, daß der Kliniker den Augenblick erkennen kann, wenn eine abwegige Idee oder ein befremdliches Gefühl mit bedrohli-

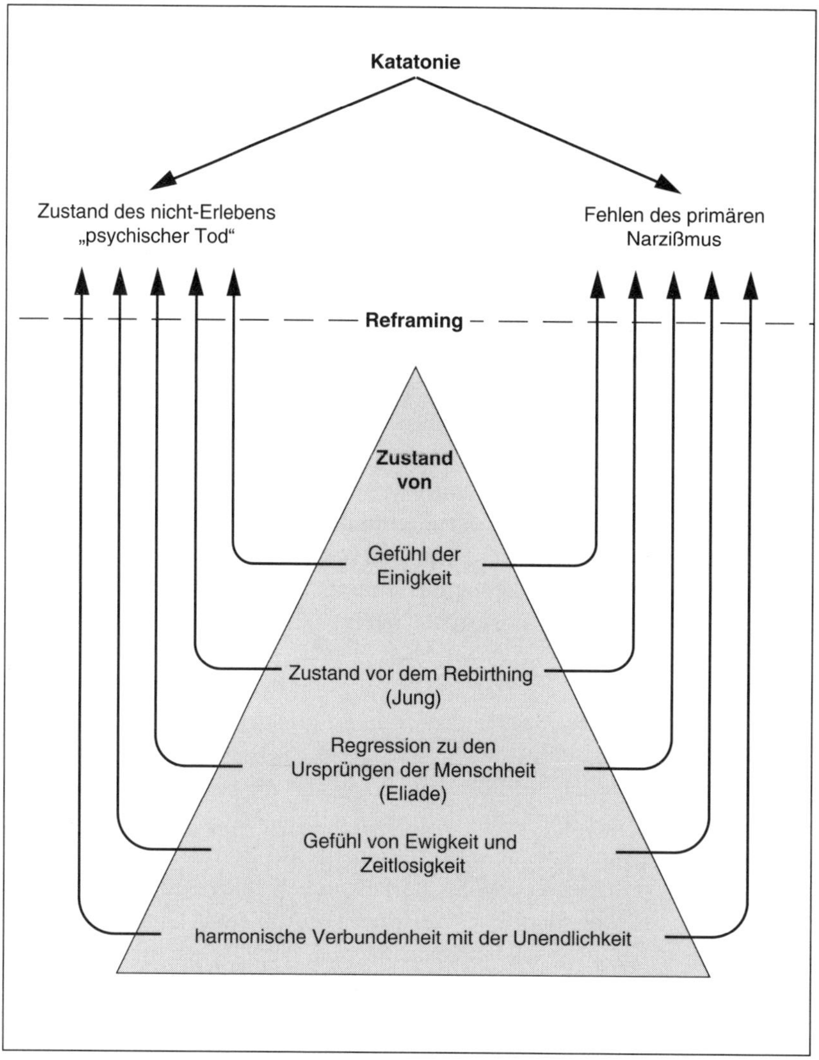

Abbildung 3: Durch Reframing-Techniken kann der schwer gestörte Patient aus der tiefen Regression zurückgeholt werden.

chem Charakter und sogar eine seltsame Körperempfindung beim Patienten auftritt. Dies ist genau der Moment, in dem unbewußte Inhalte auf den Therapeuten einströmen. Wenn dieses unbewußte Material in der Hypnose auftaucht, kann der Therapeut dem Patienten helfen, es durchzuarbeiten und zu reintegrieren (siehe auch später). Die zum Borderline-Patienten aufgebaute hypnotische Beziehung kann hier für die Kontrolle der destruktiven Impulse seines geschwächten Ichs von Nutzen sein.

Zusammenfassend kann man sagen, daß beim Borderline-Patienten die Herstellung von Kontrolle zweifellos eng mit dem Aufbau einer intersubjektiven Verbundenheit zwischen Therapeut und Patient sowie eines Kommunikationskanals, der sowohl projektive als auch introjektive Prozesse ermöglicht (Vas, 1990), zusammenhängt.

Der zweite Teil dieses Artikels wird sich mit der Veränderlichkeit der intersubjektiven Verbundenheit, der Thematik der Widerstände, den archaischen Übertragungsprozessen, der primitiven Objektbezogenheit des Patienten und der Gegenübertragung des Therapeuten auseinandersetzen und untersuchen, wie der oben erwähnte intersubjektive Kommunikationskanal funktioniert.

Kapitel 2

Der Bereich der intersubjektiven Verbundenheit

Die Kontrolle des Therapeuten führt dazu, daß die Ich-Grenzen von Therapeut und Patient bereits unmittelbar nach Herstellung der Kontrolle verwischt werden. Diese Verschmelzungsfunktion wird im hypnotischen Zustand weiter verstärkt, was beim psychotischen Patienten deutliche Widerstände gegen den drohenden Verlust der zwischenmenschlichen Distanz (Angst vor Nähe, Angst vor dem Verlust der Selbstkontrolle) sowie Furcht vor dem Verlust seiner negativen Selbstkonzepte zur Folge haben kann.

2.1 Die Motivierung schwer gestörter Patienten zur Hypnose

Bei der Arbeit an Widerständen ist äußerste Vorsicht angebracht. Es kann manchmal mehrere Monate dauern, bis der Patient dazu bereit ist, sich in eine intensive Beziehung mit dem Therapeuten einzulassen. In anderen Fällen ist die Transparenz des Therapeuten äußerst hilfreich, um eine Atmosphäre des grundlegenden Vertrauens zu schaffen. Es ist ferner von äußerster Wichtigkeit, daß der Therapeut den Patienten respektiert und die Therapie gewissenhaft durchführt. Auf diese Weise kann er zum wahren Selbstobjekt des Patienten werden (Kohut, 1977) und innerhalb einer empathischen Beziehung dessen exhibitionistische und narzißtische Bedürfnisse widerspiegeln. Die emotionale Verfügbarkeit des Therapeuten spielt ebenfalls eine wichtige Rolle.

Die Ebenen der therapeutischen Beziehung

Die Motivation des Patienten, sich in eine hypnotische Beziehung einzulassen, ist abhängig von der Qualität der beiden Ebenen der therapeutischen Beziehung, der Objektbeziehungsebene sowie der Ebene der Anziehungskraft des Unbewußten.

Die Ebene der Objektbeziehung

Die erste Ebene hängt von der Entwicklung des Patienten und der Reaktion des Therapeuten auf diese Entwicklung ab. Bezüglich der Theorie der Objektbeziehungen beschreibt Alexander H. Smith Jr. (1984) einen meisterhaft konzeptualisierten Referenzrahmen für hypnotische Beziehungen: „Der Patient strebt von Grund auf danach, sich mit dem Hypnotiseur zu verbünden, um mit momentan vorliegenden destruktiven Introjektionen in Kontakt zu bleiben und doch frei von ihren schmerzvollen Konsequenzen zu bleiben" (Smith, 1984, S.100).

Und weiter heißt es: „... eine mehr zukunftsorientierte, sich selbst erfüllende Prophezeiung kann sich besonders dort in die Beziehung miteinbauen lassen, wo die sich aus den Symptomen und Abwehrbedürfnissen des Patienten ergebenden proaktiven und korrektiven Versuche, ein organisiertes Ich aufrechtzuerhalten, verständlich werden ..." (Smith, 1984, S.101)

In diesem Bezugsrahmen läßt sich die Hypnose als „Facilitating Maternal Response Matrix" (Smith, 1984, S.95) betrachten, innerhalb derer sich der Therapeut, mit Hilfe der den Heilungsprozeß befördernden Phantasie seiner selbst und der des Patienten, auf die übergangsweise vorhandene Objektbezogenheit einstimmt, um eine „latente gute Objektrepräsentation" zu induzieren, die dazu dient, den Prozeß der Verselbständigung und Individualisierung des Patienten zu fördern, der im Laufe seiner Entwicklung stehengeblieben ist (Smith, 1984, S. 104f).

Die Theorie der Objektbeziehungen (Fairbairn, 1954; Mahler, 1972; Winnicott, 1953, 1962) kann sich tatsächlich zum Angelpunkt der hypnotischen Beziehung entwickeln, da psychotische sowie hypnotische Erfahrungen und Übertragungsprozesse archaischer Natur sind.

Auf seiten des Patienten existieren Heilungserwartungen oder sogar magische Ansprüche gegenüber der Hypnose, was sich in einem Zustand erhöhter Empfänglichkeit des Ich (Fromm, 1972, 1978-79), der Nachdenklichkeit und bildhafter Vorstellungen äußert, während dessen Vorliegen sich die Aufmerksamkeit auf die innere Realität richtet. Die innere Einkehr wird begleitet von einer Einschränkung der Willensfreiheit (Gill, 1972) und einer teilweisen Aufgabe der Kontrolle. Die Situation erinnert uns an die magische Erwartung eines kleinen Kindes, bevor die Mutter ihm ein Märchen erzählt (Bettelheim, 1976). Die Tatsache, daß die Augen des Patienten geschlossen sind, trägt einerseits zum Rückgang der Kontrolle bei. Der Therapeut ist unsichtbar für den Patienten, nur seine Stimme begleitet ihn. So besteht die Gelegenheit, eine magische Metamorphose zu erleben: das Wort wird zur Vorstellung, „das Wort wird Fleisch". Man sollte nicht darüber überrascht sein, daß der Patient dem Therapeuten Omnipotenz und magische Kräfte beimißt, was wiederum eine hypnotische Induktion erleichtert („archaische Involviertheit" – Diamond, 1988).

Andererseits deutet die Position des Patienten mit geschlossenen Augen direkt auf die übergangsweise vorliegende, objektbezogene Natur der hypnotischen Beziehung als „Zwischenebene des Erlebens" (Winnicott, 1953) hin, die zwischen der sichtbar werdenden inneren Welt des Patienten und dem unsichtbaren Therapeuten existiert.

Auf der Suche nach einem omnipotenten, guten Objekt, welches ihn auf der Ebene der Gedanken und Phantasien kontrolliert, erlebt es der Patient als massive Herausforderung, einen hypnotischen Zustand zu erreichen.

Ein anderes Element, welches zur Motivierung des Patienten beiträgt, steht in Zusammenhang mit dem Reiz des Unbekannten. Die Patienten sagen oft, daß sie Angst davor haben, ihre verborgenen Charakterzüge, wie zum Beispiel ihre unbewußten Wünsche, Bedürfnisse und Triebe kennenzulernen, die sie mit negativen Eigenschaften in Verbindung bringen. Im Gegensatz hierzu sprechen manche Schizophrene und Borderline-Patienten offen über ihre vergeblichen Versuche, ihr verlorenes, wahres Selbst zu finden (Winnicott, 1969).

Es ist ein gewagtes Unterfangen, vergangene Freuden der Kindheit und verlorene Paradiese zu erforschen. Die Haltung schizoider Patienten bezüglich dieses Vorgehens ist sehr ambivalent, da sie eine positive Veränderung negativer Selbstkonzepte fürchten. Trotz allem ist es möglich, die bösen Objekte im Inneren des Patienten durch einen Veränderungsprozeß oder eine mutuelle projektive Identifizierung zwischen Patient und Therapeut abzuwandeln und zu reintegrieren (Vas, 1990).

Motivation schwer gestörter Patienten zur Hypnose

1. Überwindung von Widerständen
2. Die Herausforderung des individuellen Unbewußten
   magische Erwartungen
   omnipotente Kontrolle
   archaische Involviertheit
   die Suche nach dem eigenen „wahren Selbst“
3. Die Herausforderung des kollektiven Unbewußten
   Initiationszeremonien
   Archetypen
   Exploration des kulturellen Erbes (der Weg zur Selbsterkenntnis)

Die Anziehungskraft des Unbewußten

Die Anziehungskraft des Unbewußten muß aus zwei Perspektiven betrachtet werden. Zum einen handelt es sich um den Reiz des Eindringens in das eigene Unbewußte, andererseits sollte die kulturelle, anthropologische Bedeutsamkeit dieser Attraktivität in Erwägung gezogen werden. Hierbei scheint es um die zweite (tiefere) Ebene der Motivation des Patienten zu gehen, die mit dem kollektiven Unbewußten in Zusammenhang steht. Das Unbekannte oder das große Geheimnis zu finden ist gleichbedeutend mit der Erforschung des Selbst. Seit tausenden von Jahren existieren aus diesem Grunde Initiationsriten bei verschiedenen Kulturen (Henderson, 1978). Hypnose und andere veränderte Bewußtseinszustände (zum Beispiel transzendentale Meditation) scheinen wichtige Hilfsmittel zu sein, solche Zeremonien auszuführen.

2.2 Analogie zwischen psychotischen Symptomen und alten, spirituellen Heilmethoden

Es ist eine verblüffende Tatsache, daß Ähnlichkeiten zwischen den oben erwähnten Initiationsriten und den sieben Stufen des „Mythras Mystery“ (Hamvas, 1988) bestehen. Letzteres stellt den Weg der sieben Meditationsstufen der Erforschung des Selbst dar, ausgehend von der sinnlichen Realität, über die Welt der Vorstellung bis hin zur inneren Welt der Ideen und der Vollkommenheit. Von diesen Wegen der Selbsterkenntnis weiß man in jeder archaischen Kultur, daß sie mit den Archetypen des kollektiven Unbewußten in Zusammenhang stehen.

Ich will nun versuchen, einen Zusammenhang zwischen dieser Thematik und dem psychotischen Zustand eines schizophrenen Patienten herzustellen.

Die tiefenpsychologischen Sichtweisen

Wie Jung (1964) bemerkte, handelt es sich bei einem psychotischen Zustand zunächst um ein Aufsteigen kindlicher Erinnerungen oder Archetypen in das Bewußtsein. Omnipotenzphantasien und sogenannte „undenkbare Ängste“ (Winnicott, 1962), Eigenschaften eines frühen Stadiums der Ich-Integration, treten zutage und werden in akuten Wahnideen erneut durchlebt. Aus einer anderen Sichtweise scheint sich ein schizophrener Patient in einem Zustand „mystischer Anteilnahme“ („mystical participation“) zu befinden (Lévy-Bruhl, cit. Jung, 1964). Mystische Anteilnahme bezeichnet eine Einheit von Natur und Psyche, in der Menschen zum Beispiel von Bäumen und Höhlen angesprochen werden, von mächtigen Dämonen besessen sind und dergleichen mehr. Die Psyche hat sich noch nicht in einen bewußten und einen unbewußten Teil aufgespalten und diese Form der Einheit und Ganzheit läßt sich durch das Konzept der mystischen Anteilnahme charakterisieren.

Im Laufe der menschlichen Entwicklung sanken die Archetypen auf das niedrigste Niveau der Psyche hinab und bildeten so den Bereich des Unbewußten. Jeder Versuch, dieses unbewußte Material an die Oberfläche zu bringen kann als ein Versuch der Selbsterkenntnis und als eine Erforschung des kulturellen Erbes der Menschheit gewertet werden. Trotzdem bringt die Freisetzung enormer emotionaler Energie im Zusammenhang mit archetypischen Bildern einen unerträglichen Schock mit sich, der in der Form eines psychotischen Zustandes zum Ausdruck kommt. Bei der Psychose beobachten wir die Wiedervereinigung von Natur und Psyche, wobei jedoch eine Zweiteilung zwischen arche-Psyche und neo-Psyche auftritt, weil durch die Zivilisation geformte adaptive Strukturen und Funktionsweisen von immanenter Bedeutung sind, um ein Überleben in der modernen Gesellschaft möglich zu machen. Wenn wahnhafte Zustände als ein Überhandnehmen oder als eine Erweiterung der Psyche bis hin zum Universellen betrachtet werden, läßt sich hieraus schließen, daß die betroffene Person in der Psychose enorme Kreativität und zahlreiche Fähigkeiten, wie zum Beispiel die Kraft zu heilen und der Hellseherei sowie mystisches und parapsychologisches Talent entwickeln müßte. Damit man diese Fähigkeiten in den Griff bekommt, muß man sich genügend Wissen aneignen, um der Psychose Herr zu werden.

Wenn man den Prozeß, „ein Schamane zu werden" einer strengen Prüfung unterzieht, läßt sich eine Vorstufe erkennen, die sich von früher Kindheit an entwickelt und deutliche schizophrene Züge trägt (Diószegi, 1978). Erst nachdem die Psychose bewältigt worden ist, wird der „auserwählte" Kandidat dazu fähig sein, seine schamanistischen Praktiken anzuwenden. Wenn sich eine spezielle psychologische Technik entwickelt hat und diese auch verfügbar ist, kann der Schizophrene seine unbewußten Impulse zunächst zur Heilung seiner selbst und später zur Heilung der Gemeinschaft anwenden.

Ähnlichkeiten und Unterschiede von Psychosesymptomen und Meditation

Zwischen psychologischen Methoden zur Selbstheilung und realen psychotischen Symptomen bestehen verblüffende Gemeinsamkeiten; man vergleiche zum Beispiel den Zustand des Stupors und die transzendentale Meditation.

Ein außenstehender Beobachter kann keinen Unterschied zwischen diesen Zuständen erkennen, denn in beiden Fällen ist die entsprechende Person unbeweglich, stumm und hat scheinbar keinen Kontakt zur äußeren Realität.

Ein katatoner oder depressiver Patient im Zustand des Stupors sieht sich beispielsweise mit so starker Trennungsangst konfrontiert, daß sämtliche psychischen Funktionen blockiert werden und dadurch alle Bewältigungsstrategien und ausgereiften Abwehrmechanismen fehlschlagen. Dadurch werden die Ich-Grenzen, die die Verschmelzung von Objektrepräsentanzen und Selbstrepräsentanzen steuern, verwischt, der Grad der Realitätsüberprüfung sinkt und die äußere Realität droht das Ich zu zerstören. Aus diesem Grunde kann der Patient nicht mehr mit der Realität interagieren und muß seine Aktivitäten einstellen.

Im Gegensatz hierzu wird die Trennung zwischen äußerer und innerer

Realität bei der Meditation freiwillig herbeigeführt, was häufig dazu dient, Leiden und Schmerz zu überwinden. Mit Hilfe ausgereifter Abwehrmechanismen wird ein aktives Blockieren der psychischen Vorgänge erzielt. Eine Verschmelzung von Objekt- und Selbstrepräsentanzen sowie das Verwischen der Ich-Grenzen sind hier willentlich induzierte Prozesse und die Identität der äußeren und inneren Welt wird in Form von Konzepten wie „Atman" (siehe Upanishads: Esoterische Doktrine), dem Absoluten Geist und des Allumfassenden (siehe Brahmanismus und Buddhismus) definiert.

Auf diese Weise können alle psychologischen Techniken der großen östlichen Religionen und Philosophien als ein Mittel zur Bewältigung pathologischer psychischer Prozesse betrachtet werden.

Wie aus Tabelle 1 ersichtlich ist, ergeben sich verblüffende Ähnlichkeiten zwischen dem Zustand des Nicht-Erlebens eines schizophrenen Patienten (Ogden, 1982) und der transzendentalen Meditation oder der Selbsthypnose, die zum Zwecke der Reinigung und Erleuchtung eingesetzt wird. Der Zustand des Nicht-Erlebens stellt trotz allem einen unerträglichen und nicht akzeptablen Zustand für den Schizophrenen dar, weil eben dadurch der Schizophrene mit einem psychischen Tode bedroht wird. Bei der Motivation des Patienten zur Hypnosetherapie besteht deshalb die Hauptaufgabe des Therapeuten darin, die negative Einstellung des Patienten zu seinen Symptomen zu durchbrechen und zum Positiven hin zu verändern.

Rolle des Schizophrenen in der Familie

Dieser Aspekt scheint ausgesprochen bedeutungsvoll zu sein, wenn man die besondere Rolle, die der Schizophrene innerhalb seiner Familie spielt (Smith, 1981), betrachtet.

Ich vertrete die Ansicht, daß man diese Rolle als „passiv schamanistisch" oder „passiv heilend" bezeichnen kann, da der Schizophrene mit hoher Wahrscheinlichkeit als Projektionswand für alle möglichen bösen Gedanken, Mythen und üblen Prophezeiungen der Familienmitglieder dient. Auf diese Weise kann die Familie gefährliche und destruktive psychologische Aspekte auf ihn abwälzen und die restlichen Familienmitglieder können aufgrund dieser Rolle des Patienten gegen schwere psychische Störungen resistent sein, was wiederum einen heilenden Effekt für die ganze Familie mit sich bringt. Das auf den Patienten projizierte und abge-

Tabelle 1: Ähnlichkeiten und Unterschiede von Transzendentaler Meditation (TM) und dem Zustand des Stupors

	Eigenschaften	TM	Stupor
Ähnlichkeiten	körperliche Aktivität	unbeweglich	unbeweglich
	sprachliche Äußerungen	keine	Stummheit
	Kontakt mit der Realität	anscheinend keiner	keiner
Unterschiede	Blockade der psychischen Funktionen	durch aktive Mechanisme (Coping)	durch omnipotente Verleugnung (primitive Abwehr)
	Fusion von Objekt-Selbst-repräsentationen	Gefühl der und Einigkeit und Omnipotenz („Atman“)	Gefühl der „Nichtigkeit“ und Nicht-Existenz („Psychischer Tod“)
	Realitäts-überprüfung	die Realität liegt im Inneren (die äußere Realität wird als Chaos gesehen und als wertlos erachtet)	die äußere Realität wird als bedrohlich für das Ich bewertet

ladene Material kann während psychotischer Episoden des Schizophrenen aus ihm hervorbrechen oder im Falle des Borderline-Patienten kontinuierlich auf bedeutsame Andere reprojiziert werden. Diesem selbstverleugnenden und selbstbestrafenden Verhalten des Schizophrenen für die Vergehen der anderen kann in den westlichen, christlichen Kulturen tatsächlich eine „passiv schamanistische" oder „passiv heilende" Funktion beigemessen werden.

2.3 Intersubjektive Verbundenheit

Bezeichnend für die intersubjektive Verbundenheit in der therapeutischen Situation ist der symbolische Ausdruck starker Gemütsbewegungen, die sich auf die Familie beziehen und durch die Familie verursacht wurden.

Aus diesem Grunde ist der Patient unfähig, seine negativen Selbstkonzepte aufzugeben, weil im engen Zusammenhang mit dieser Thematik starke Emotionen auftreten, ungeachtet wie ausgeprägt der akute psychotische, aggressive, ängstliche oder zurückgezogene Zustand ist. Dies kann nicht als Übertragungsphänomen bezeichnet werden, weil in der Therapie keine Gefühle auftreten, die sich auf Bilder der Vergangenheit beziehen, jedoch Ressentiments im Hinblick auf den Fehlschlag des Patienten, ein ganzes und reales Objekt zu werden und nicht nur eine Teilidentität darzustellen, die die negativen Aspekte der Familie in sich birgt.

Gemütsbewegung des Borderline-Patienten und therapeutisches Vorgehen

Ich habe oben bereits dargestellt, daß Borderline-Patienten ihre Gemütsbewegungen auf den Therapeuten projizieren und will mich nun der Frage zuwenden, wie der Therapeut mit den starken Affekten des Patienten umgehen kann.

In der psychoanalytischen Situation kann der Therapeut diese Gemütsregungen durch eine projektive Identifizierung einschätzen und so den psychotischen oder Borderline-Patienten von seinen überwältigenden Emotionen entlasten (Ogden, 1982). Zeichen für diesen Aufnahmeprozeß sind die psychischen Vorgänge im Innern des Therapeuten, welche sich zum Beispiel in Träumen äußern, die einen Vorhersagewert für die Therapie haben (Benedetti, 1987).

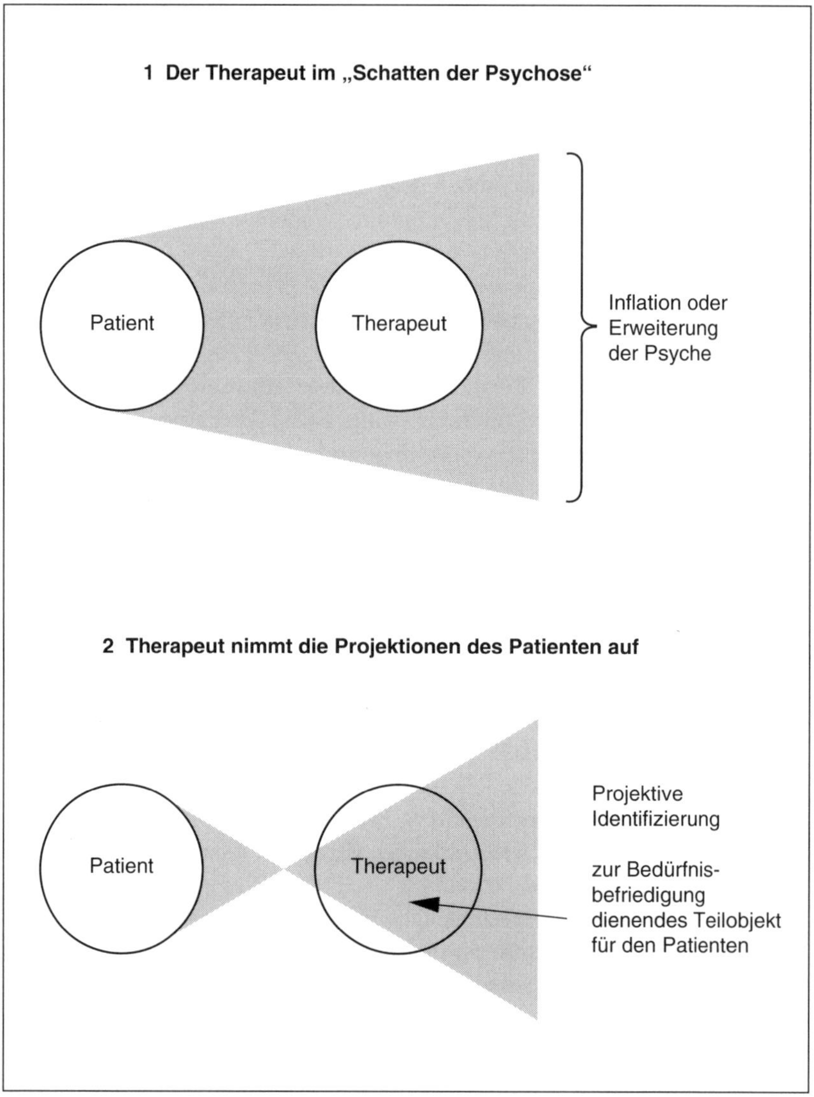

Abbildung 4: Arten der Beziehung zu psychotischen Patienten

Die oben erwähnte Widerspiegelungsfunktion des Therapeuten, die darin besteht, dem Patienten im Laufe der Intervention sein eigenes symptomatisches Verhalten vor Augen zu führen, wiederholt sich auf einer tieferen und unbewußten Ebene. Benedetti bemerkte hierzu: „Dualization of the psychotic world means its egoification“ (ebda., S. 89).

Zu Beginn der therapeutischen Beziehung ist ein akut psychotischer oder autistischer chronisch schizophrener Patient immer nur mit seiner psychotischen Welt beschäftigt und dehnt diese auch auf die äußere Realität aus. In einer wichtigen Phase der Entwicklung der therapeutischen Beziehung sollte diese Ausdehnung so weit wie möglich eingeschränkt werden, so daß der Therapeut immer mehr Projektionen des Patienten aufnehmen kann. Diese Phase, die sich auch bei Borderline-Patienten entwickelt, zeichnet sich durch eine wichtige Besonderheit aus, die massive projektive Identifizierung.

Phase der projektiven Identifizierung

Da auf hypnotische und nicht-hypnotische Methoden zur Behandlung akut psychotischer Patienten bereits zuvor eingegangen wurde, können wir unsere Aufmerksamkeit nun der Phase der projektiven Identifizierung im Rahmen der therapeutischen Beziehung bei psychotischen sowie Borderline-Patienten zuwenden.

Wenn die Phantasiewelt der Psychose für den Patienten verloren zu gehen scheint, bietet sich der Therapeut als reale Person an, das Ziel der projektiven Phantasien darzustellen. Dasselbe geschieht bei Borderline-Patienten, wenn sie zum ersten Mal mit dem Therapeuten zusammentreffen. In beiden Fällen wird versucht werden, den Therapeuten in die magischen und omnipotenten Kontrollgedanken miteinzubeziehen (Winnicott, 1969) um ihn zu einem Teilobjekt der Bedürfnisbefriedigung zu machen. Dieser Prozeß kann mit der Bezeichnung „projektive Identifizierung“ konzeptualisiert werden, die in drei Phasen wie folgt vor sich geht (Ogden, 1982).

Phasen der „projektiven Identifizierung“ (nach Ogden, 1982):

1. Zunächst wendet der Patient (Projektor) unbewußte (projektive) Phantasien an, um einen gefährlichen Teilaspekt seiner selbst auf eine andere Person (den Therapeuten) zu projizieren.

2. Damit dieser projizierte Teilaspekt akzeptiert wird, übt der Projektor durch die aufgebaute zwischenmenschliche Beziehung Druck aus, dadurch daß er das Ziel seiner Projektionen (den Therapeuten) bedroht, manipuliert, ausbeutet oder ganz für sich einnimmt.
3. Es „erlebt der Rezipient sich selbst auf eine Weise, wie er in diesen projektiven Phantasien gesehen wird“ (Ogden, 1982, S.17). Diese Erfahrung und die damit verbundenen, im Rezipienten wachgerufenen Gefühle, werden aufgearbeitet und transformiert und gleichzeitig von den für den Projektor gefährlichen und nicht akzeptierbaren Aspekten gereinigt. Anschließend wird das transformierte und bereinigte Material (die „aufgearbeitete Projektion“ – Ogden, 1982, S.18) zum Zwecke der Internalisierung auf den Patienten reprojiziert.

Aus diesem Grunde kann die projektive Identifizierung nicht nur als eine Art primitiver Abwehr gesehen werden, sondern als archaische und ursprüngliche Art der Kommunikation, der Objektbezogenheit und als eine besondere Form der psychischen Veränderung und Entwicklung. Man kann annehmen, daß die projektive Identifizierung dazu beiträgt, einen intersubjektiven Kommunikationskanal zwischen Patient und Therapeut herzustellen, der gegenseitigen Austausch und die Transformation psychologischer Objekte ermöglicht. (Vas, 1990). Wahrscheinlich ist es diese archaische Kommunikationsform, die die Basis für die intersubjektive Verbundenheit zwischen Patient und Therapeut schafft.

Wichtige Beziehungsformen der Hypnosetherapie

Bei der Hypnosetherapie schwer gestörter Patienten scheint diese archaische Kommunikationsform der projektiven Identifizierung von äußerster Wichtigkeit zu sein.

Eine solche Beziehung sollte durch die folgenden drei Aspekte gekennzeichnet sein:

1 Eigenschaften des Patienten
2 Eigenschaften des Therapeuten
3 Eigenschaften der Gesamtheit von Patient und Therapeut.

2.3.1 Eigenschaften des Patienten

Auf seiten des Patienten lassen sich die folgenden Eigenschaften in der hypnotischen intersubjektiven Verbundenheit erkennen:

a) Weil der psychotische Patient weder klare Ich-Grenzen noch einen Beweis für seine eigene Existenz hat, tendiert er dazu, reale und ganzheitliche Objekte, so zum Beispiel den Therapeuten, aufzusuchen und auch zu fürchten. Es sieht so aus, als ob sich der Patient auf eine semisymbiotische Bindung mit dem Therapeuten einläßt (Scagnelli, 1975). Wie Kernberg (1975) zeigen konnte, sind es die Aufspaltung und die Fusion zwischen Selbst und Objekt, wie sie sich in psychotischen Übertragungsprozessen (Kroll, 1988) auf enge Bezugspersonen äußert, die den Borderline-Patienten kennzeichnen. Dies bedeutet das Herstellen einer gespaltenen Objektbezugseinheit mit dem Therapeuten (Masterson & Rinsley, 1975), damit sich eine Veränderung der auf den Therapeuten gerichteten positiven und negativen Übertragungsprozesse ergibt. Tatsächlich glaube ich, daß keine bedeutsamen Unterschiede zwischen der Art der Beziehung bei psychotischen und Borderline-Patienten existieren.
   Besonders wenn sich eine Verschmelzungserfahrung in Form der Fusion von Selbst und Objekt einstellt, versuchen Psychotiker sowie Borderline-Patienten, den Therapeuten in ihre magischen Kontrollgedanken zu verwickeln, weil sie sowohl die Rache des Objekts (Klein, 1946) fürchten, wie auch Angst davor haben, von ihm verlassen zu werden („abandonment depression" – Masterson, ebda.).
b) Die Patienten werden durch heilsame Phantasie (Kohut, 1978), der Möglichkeit einer Reifung des Ich durch die Internalisierung der „essentiell guten" Aspekte des Therapeuten näher gebracht. Auf diese Weise kann sich im Umfeld des „guten und mütterlichen Therapeuten" ein neuer Prozeß der Separation und Individuation einstellen (Mahler, 1972).

2.3.2 Eigenschaften des Therapeuten

Wenn man sich auf die Rolle des Therapeuten konzentriert, begegnet man wieder dem wohlbekannten Konzept der „heilenden Phantasien", diesmal jedoch nicht auf seiten des Behandelten, sondern auf der des Behandelnden. Es beinhaltet einen bewußten Teil, die Behandlung an sich, die sich auf die Fähigkeiten des Therapeuten, die angewandten Methoden und dessen persönlichen Stil gründet, und einen unbewußten Teil, die archaische Form der Gegenübertragung.

Überlegungen zum Behandlungsplan

Ich werde mich nun mit den grundlegenden Annahmen über die Phantasien des Therapeuten auseinandersetzen. Zunächst wird angenommen, daß der Therapeut den Patienten heilen sollte. Dies zu bewerkstelligen ist die Aufgabe des Behandlungsplanes.

Meiner Meinung nach gibt es zwei grundlegende Formen des Behandlungsplanes:

1. Eine sehr strukturierte, kognitiv-verhaltensorientierte, anleitende und eher rigide als flexible Vorgehensweise.
2. Eine nicht strukturierte, emotional begleitende und beschützende aber auch abenteuerliche Methode, wobei der Therapeut seine eigene Persönlichkeit stark in die Behandlung mit einbringt.

1. *Strukturierte hypnotische Techniken*

   Eine der strukturiertesten hypnotischen Techniken ist Krogers „imagery conditioning“ (Kroger & Fezler, 1976), die darauf abzielt, dem Patienten die Fähigkeit zur Zeitkontrolle zu vermitteln und die normale Informationsverarbeitung sowie die Funktion des Kurzzeitgedächtnisses durch den Gebrauch standardisierter, vom Therapeuten konstruierter Bilder (z. B. Dschungelszenen, Vulkane, Heuböden, Bergwerke) wiederherzustellen.

   In weiten Teilen Europas kennt man Leuners Techniken der Symbolkonfrontation und des Symboldramas (Leuner, 1985), in denen bildhafte Vorstellungen verwendet werden, und von denen man annimmt, daß sie sich bei der Hypnosetherapie mit psychotischen und Borderline-Patienten als zweckdienlich erweisen. Man ist der Überzeugung, daß jedes einzelne Symbol entweder einen guten oder einen schlechten persönlichen Charakter besitzt und die Therapie kann dazu führen, daß bedrohliche Symbole neutrale oder sogar freundliche Züge annehmen. Diese Methode bedient sich zwar standardisierter Bilder, es wird jedoch besonderer Wert auf die Metamorphose und Veränderung archetypischer Symbole gelegt (so kann man zum Beispiel eine gefährliche Schlange mit Milch füttern, damit sie zahm wird, oder sie kann in ein weniger gefährliches Tier, wie etwa einen Hund, verwandelt werden).

2. *Nicht strukturierte hypnotische Techniken*
Neuere Verfahren der hypnoanalytischen Arbeit mit psychotischen und Borderline-Patienten verfolgen – in sieben (Baker, 1981) beziehungsweise acht (Fromm, 1984) Schritten – einen Entwicklungsprozeß, der von der Erzeugung von Bildern des primären Narzißmus über den Prozeß der Separation und Individuation bis hin zur Objektkonstanz und der Erlangung von Kontrolle über den Abwehrmechanismus der Objektspaltung reicht.
Bei dieser Methode wird die hypnotische Beziehung verstärkt, indem besonderer Wert auf den persönlichen Stil und die Fähigkeiten des Therapeuten gelegt wird, wobei man von rigiden Vorschriften bezüglich des Vorstellungsprozesses eher Abstand nimmt.

Überlegungen zur Beziehung von Patient und Therapeut

Im Verlauf der Therapie kann sich die Tendenz zu einer semi-symbiotischen Bindung zwischen Patient und Therapeut entwickeln und die hypnotischen Techniken lassen sich in diese Atmosphäre des „maternal holding“ (Murray-Jobsis, 1984) einbetten.

In diesem Rahmen wird es schwierig, psychologische Techniken von Aspekten der Beziehung und insbesondere der Gegenübertragung zu trennen, weil Methoden wie die Stärkung des Ich oder das kreative „Selbstbemuttern“ bedingen können, daß „der Therapeut dem Patienten in der Trance Betreuung und Akzeptanz vermitteln kann, was ohne die Hypnose von den meisten Klienten nur unter Schwierigkeiten angenommen werden könnte“ (Murray-Jobsis, ibd., S.387).

Die Beiträge Heimanns zur Psychoanalyse (Heimann, 1950) haben zu einer Neubewertung des Phänomens der Gegenübertragung geführt. Hier wird die Gegenübertragung in einem weiteren Sinne gesehen als eine vom Patienten – in der Person des Therapeuten – geschaffene Kreation und auch als Manifestation des unbewußten Strebens des Therapeuten, seine eigenen narzißtischen Traumata im Patienten durch einen Akt der projektiven Gegenidentifizierung zu heilen (Thomä & Kächele, 1985).

Wenn wir die Möglichkeit erwägen, daß der Therapeut sich selber heilt, indem er sich des Patienten bedient, eröffnen sich im Hinblick auf die Beziehungsthematik neue Perspektiven bezüglich gemeinsamer traumatischer Phantasien von Patient und Therapeut. In diesem Zusammenhang kann der Therapeut seine frühkindliche narzißtische Abwehr gegen das Eindringen seiner Mutter erneut durchleben (Modell, 1975) und sein eigenes Ich aufspalten, um ein noch unreifes Fragment abzusondern, welches über Omnipotenz und die „Illusion der Unabhängigkeit" verfügt. Hierbei ist er sich über die Schwere des Traumas bewußt und versucht, es mit Hilfe von Selbstheilungsmethoden wie dem Wiedererleben und Durcharbeiten der kritischen Phase zu bewältigen (Ferenczi, 1931).

Ferenczi, der bekannte Nachfolger von Freud und bedeutender Vertreter der psychoanalytischen Schule in Budapest, wandte sich, während er die Theorie der narzißtischen Ich-Spaltung unter Einfluß traumatischer Erlebnisse aufstellte, wieder der Anwendung von Entspannungsverfahren und anderer Regressionstechniken zu, die Freud zuvor abgelehnt hatte. Ferenczi nannte seine Technik in Anlehnung an Freuds frühe Arbeiten mit kathartischen Methoden „Neo-Katharsis", da er es nicht wagte, zuzugeben, daß er mit hypnotischen Verfahren arbeitete.

Es ist wichtig, diese Phase in Ferenczis Arbeit zu erwähnen, weil die hypnotische Beziehung und die narzißtische Aufspaltung des Ich in engem Zusammenhang zu stehen scheinen.

Die hypnotische Beziehung kann dem Therapeuten die Möglichkeit geben, seine eigenen traumatischen Erfahrungen durch Verschiebung oder Projektion des verletzten Teils seines Ichs auf den Patienten zu bewältigen (projektive Gegenidentifizierung, siehe oben). Dies kann auch dadurch geschehen, daß er sich mit seinem selbstheilenden Teil identifiziert und ein Gefühl von Ganzheit und Einheit entwickelt, welches ihn von der schmerzhaften, durch ein Trauma verursachten Erfahrung der Aufspaltung erleichtert. Dieses Gefühl wird durch den vereinheitlichenden Charakter der hypnotischen Beziehung vermittelt.

Ich möchte mich nun der Frage zuwenden, warum die Hypnose gerade nicht als ein Signal für archaische Formen der Gegenübertragung betrachtet werden kann.

2.3.3 Eigenschaften der Gesamtheit von Patient und Therapeut

Wenn Patient und Therapeut sich treffen, entwickelt sich eine neue Dimension in der hypnotischen, intersubjektiven Verbundenheit, die besondere Eigenschaften haben kann.

Die Eigenschaften der intersubjektiven Verbundenheit:

1. Vorliegen eines „Übergangs-Ichs",
2. Gemeinsame projektive Identifizierung,
3. Übergangsphänomene,
4. Tandemhypnose oder Doppel-Trance-Techniken,
5. Veränderung des Zeitgefühls.

Übergangs-Ich

Wie Benedetti (1987) und Zindel (1990) betonen, kann sich ein Erfolg der Therapie nur einstellen, wenn sich der Therapeut wiederholt darum bemüht, die psychotische Welt des Patienten zu erschließen, indem er versucht, sein eigenes Unbewußtes daran teilhaben zu lassen. Auf diese Weise stellt sich das hier beschriebene Übergangs-Ich als perfektes Äquivalent zu meinen Konzepten der intersubjektiven Verbundenheit und der intersubjektiven Kommunikationskanäle dar, wobei alle drei Konstrukte aus der Herstellung einer Fusion der unbewußten Prozesse von Patient und Therapeut entstehen. In der neueren Literatur finden sich immer mehr Hinweise auf die Hypnose als zweitwichtigsten Zugangsweg zum Unbewußten (Chertok, 1982) und sie scheint eine der am besten geeigneten Methoden zu sein, um unbewußte Prozesse zu untersuchen. Deshalb hielt man die Hypnose auch lange Zeit als zu gefährlich für die therapeutische Arbeit mit präpsychotischen und psychotischen Patienten (Murray-Jobsis,

1984). Professionelle Hypnosetherapeuten haben jedoch heute ihre Meinung geändert und sie bewerten hypnotische Techniken bei dieser Art von Klienten als ausgesprochen zweckdienlich (Baker et al., 1990).

Um unerwünschte Komplikationen zu vermeiden, sollte der Therapeut jedoch immer verantwortungsbewußt handeln und über entsprechende Fähigkeiten im Umgang mit Regressionstechniken und Übertragungsprozessen bei psychotischen und Borderline-Patienten verfügen (Werner, 1984; Fromm, 1987).

Gemeinsame projektive Identifizierung

Eine mögliche, im hypnotischen Zustand über intersubjektive Kanäle verlaufende Kommunikationsform innerhalb des Übergangs-Ichs von Patient und Therapeut, beziehungsweise im Rahmen ihrer semi-symbiotischen Bindung, soll zur Veranschaulichung der charakteristischen Eigenheiten einer mit einem 26jährigen Schizophreniepatienten durchgeführten Therapie, bei der hypnotische Techniken zur Anwendung kamen, demonstriert werden.

Nach der Eliminierung seiner akuten Wahnsymptome, bat mich Roland, der Patient, darum, ihn in Hypnose zu versetzen. Weil Roland in seiner Kindheit gerne Abenteuergeschichten aus dem Mittelalter gelesen hatte, gab ich ihm zu Beginn der ersten Hypnosesitzung die Suggestion, sich ein mittelalterliches Schloß vorzustellen.

Das Schloß ist ein archaisches Symbol, welches Ängste vor Zerstörung, Überwältigung und Trennung sowie Bilder wie Gefängnisse und Folterkammern produziert. Im Gegensatz hierzu vermittelt es durch seine Eigenschaft als starke Festung, mit rauschenden Festen und schönen Frauen auch größtmögliche Sicherheit und Befriedigung. Auf diese Weise kommt es zu einem Zwiespalt zwischen Gut und Böse.

Neben seiner Funktion als Symbol kann das Schloß auch als Projektion der Heilungsphantasie des Therapeuten im Rahmen des Behandlungsplanes betrachtet werden: ... ich hätte gerne, daß Roland dazu fähig wäre, sowohl die bedrohlichen als auch die angenehmen Seiten des Schlosses zu erforschen, damit es ihm gelingt, es ganz in Besitz zu nehmen, d.h., seine gesamte Persönlichkeit mit guten und schlechten Eigenschaften zu akzeptieren und anzunehmen.

In der ersten Hypnosesitzung erblickt Roland das Schloß. Er betritt eine dunkle Halle und findet eine brennende Fackel. Ich schlage ihm vor, daß er die Fackel nehmen und sich umschauen sollte. Dann bemerkt er ein Schwert oder ein eisernes Objekt an der Wand und ich frage ihn, ob es verrostet ist oder nicht. Er sagt, daß es metallisch glänzt. Während der späteren Konversation im Wachzustand wird ersichtlich, daß er, während er das Eisen betrachtete, den Gedanken hatte, den Herrn des Schlosses umzubringen. Während der Hypnose wußte ich dies jedoch nicht und ich fragte ihn, ob das Schloß bewohnt ist. In diesem Moment sieht er den Herrn des Schlosses im Kreise seiner Soldaten. Ein wenig später erblickt er in einem großen Zimmer einen hübschen Knaben, den er gerne aufziehen würde, was der Herr des Schlosses jedoch verhindert. Roland sagt, daß er ihn gerne umbringen würde und mit dem Kind fliehen wollte. Er ist jedoch von den Soldaten umstellt. Ich fordere ihn dazu auf, den Schloßherrn zu fragen, ob er nicht bleiben könnte, um das Kind aufzuziehen. Nun wird dieser freundlicher.

Der Begriff der hypnotischen Beziehung ist sowohl für den Patienten wie auch den Therapeuten von größter Bedeutung, was eine Analyse der ersten Sitzung im Hinblick auf die Veränderlichkeit der therapeutischen Beziehung absolut erforderlich macht. Richten wir nun unser Augenmerk darauf, wie dieser Prozeß während der oben angeführten Vorstellungssequenz vor sich geht. Die unbewußten, archaischen Teile in Rolands Persönlichkeit sowie in der Beziehung zwischen Patient und Therapeut deuten sich in der Dunkelheit des Schlosses an. Die brennende Fackel kann Aspekte der therapeutischen Beziehung, wie kognitive, erforschende und anleitende Elemente, repräsentieren. Das Eisen ist offensichtlich das Symbol für die Aggression, wobei die Frage auftaucht, wessen Aggression es repräsentiert.

Einerseits handelt es sich um die Aggressionen des Therapeuten, da er es ist, der den Patienten zu dem schrecklichen Schloß geführt hat, welches diesen mit unbekannten Ängsten bedroht. Andererseits ist es die Aggression des Patienten, der den Schloßherrn mit dem eisernen Gegenstand töten will, obwohl dieser im Moment noch gar nicht sichtbar ist. Es ist bemerkenswert, daß der ungarische Name des Therapeuten, „Vas“, auf deutsch „Eisen“ bedeutet. Dies weist darauf hin, daß das Symbol die Aggression des Therapeuten bildhaft darstellt.

Überdies richten sich Rolands Aggressionen hauptsächlich gegen mich, da ich das Bild des Schlosses eingeführt habe und auf indirekte, symbolische Weise als Schloßherr gesehen werden kann. Tatsächlich hat Roland den unbewußten Wunsch, mich umzubringen, da die von mir geschaffenen bedrohlichen Aspekte des Schlosses seinen beunruhigenden und bösen Objekten ähneln, die er nicht kontrollieren kann und derer er sich deshalb entledigen muß. Er identifizierte sich mit meiner Projektion.

Ich habe keine genaueren Informationen über Rolands Wunsch, den Schloßherrn zu töten, ich frage ihn aber trotzdem, ob das Schloß bewohnt ist und in diesem Moment erkennt er den strengen Herrscher. Auf diese Weise identifizierte ich mich unbewußt so stark mit dem Inhalt seiner Re-Projektion, daß ich es auf mich nahm, die autoritätsbeladene Rolle des Schloßherrn zu spielen. Der Prozeß der projektiven Identifizierung wurde somit zweiseitig.

Der Schloßherr symbolisiert auch die böse, aggressive und väterliche Seite von Rolands Persönlichkeit, die die guten, schwachen und wehrlosen Aspekte des Ich bedroht. Letztere zeigen sich im Bild des hübschen Kindes. Roland würde es gerne aufziehen, wie er es auch gerne mit dem schwachen aber guten Teil seines Ichs täte. Dies wird jedoch von dem bösen und aggressiven Teil (dem Herrn des Schlosses) nicht geduldet.

Rolands Wunsch, den Schloßherrn zu töten, scheint der dramatische Gipfel der Vorstellung zu sein, daß die bösen Objekte sowohl ihn wie auch die therapeutische Beziehung mit Zerstörung bedrohen. Als Lösung gebe ich ihm die Suggestion, daß er den Herrn des Schlosses darum bitten sollte, im Schloß bleiben zu dürfen, um das Kind aufzuziehen. Diese Lösung bedeutet zweierlei. Erstens stellt sie einen Kompromiß dar, der mit den bösen Objekten geschlossen werden muß, damit sie einen Teil ihrer Bedrohlichkeit verlieren. Zweitens ist sie eine symbolische Botschaft für ihn, daß er weder mich noch die bösen Objekte in seinem Inneren fürchten sollte. Die Botschaft wird akzeptiert und der Schloßherr wird freundlicher, was bedeutet, daß die projektive Identifizierung wieder beidseitig wird.

Übergangsphänomene

Man sollte dem „Metabolismus“, der Angst und der Aggression, die durch den eisernen Gegenstand repräsentiert werden, im Verlauf der ersten Hypnosesitzung besondere Beachtung schenken.

Dieses Symbol wird von Roland geschaffen und ist folglich ein Teil seines Ichs, repräsentiert aber gleichzeitig den Namen des Therapeuten, das heißt, es liegt eine Introjektion des Therapeuten in Rolands Persönlichkeit vor. Tatsächlich geschieht dasselbe wie in der Beziehung zwischen Mutter und Kind, wo die Brust der Mutter als Übergangsobjekt gesehen wird, welches zugleich von Kind und Mutter besessen wird (Winnicott, 1952).

Das Eisen kann jedoch auf keinen Fall als ein Symbol für Nahrung betrachtet werden und repräsentiert eher die phallischen und destruktiven väterlichen Aspekte der therapeutischen Beziehung. In der Tat zeigt die hypnotische Beziehung die charakteristischen Merkmale der von Winnicott (1952) beschriebenen Übergangsobjekte und Übergangsphänomene. Dieser intermediäre Bereich der Erfahrungen und des Erlebens wird nicht angegriffen und der Patient kann seine Liebe und seinen Haß gefahrlos in das Reich der hypnotischen Vorstellungen projizieren.

Anstatt sich direkt gegen die reale Person des Therapeuten zu richten, werden die Übertragungsphänomene des Patienten als bildhafte Symbole und Ereignisse in hypnotischen Vorstellungen repräsentiert.

Dasselbe geschieht auch auf seiten des Therapeuten. Seine Gegenübertragung zeigt sich auf die selbe Weise in der Vorstellungswelt des Patienten.

Man könnte sagen, daß es in der gemeinsamen Phantasiewelt der Einheit von Patient und Therapeut zu einer symbolischen Wunscherfüllung (Sèchehaye, 1951; Benedetti, 1987) kommt. Diese Zwischenwelt ähnelt einem von Laserstrahlen erzeugten Hologramm oder einem Regenbogen, der ein Zusammenspiel der psychischen Energien der beiden beteiligten Personen darstellt. Deshalb ist die hypnotische Beziehung gleichbedeutend mit einem Zusammenwirken der Übertragung des Patienten mit der Gegenübertragung des Therapeuten, die hauptsächlich durch unbewußte projektive und introjektive Prozesse im Rahmen der intersubjektiven Verbundenheit vermittelt werden.

Einige Autoren vermuteten, daß Borderline-Patienten nicht die Fähigkeit haben, Übergangsbeziehungen einzugehen. Wenn dies der Fall ist, wird der Übergangscharakter der hypnotischen Beziehung diesen Klienten dabei helfen, diese Zwischenform der Existenz zu erfahren (Horton et al., 1974).

Tandemhypnose oder Doppel-Trance-Techniken

Präpsychotische und psychotische Patienten zeigen Ich-Schwächen und sind deshalb nicht dazu imstande, eine adaptive Regression herzustellen. Diese Meinung vertraten ursprünglich Gill und Brenman (1959). Sie betonten, daß Patienten, bei denen eine schwere Regression vorliegt, keine geeigneten Versuchspersonen für eine Hypnose wären, weil ihr Ich nicht stark genug sei.

Kürzlich schlug Murray-Jobsis (1988) eine Theorie der hypnotischen Beziehung zu schwer gestörten Patienten vor, die das „Monitor"-Ich des Therapeuten als Anker zur Realität betrachtet. Diese Monitorrolle des Therapeuten-Ichs hilft dem Patienten dabei, sich bei der Regression sicherer zu fühlen, weil die Übertragungsbeziehung ihn unterstützt. „Statt eines einzigen starken Ichs können Patient und Therapeut ihre Ich-Stärke kombinieren, um in der hypnotischen Beziehung ein einheitliches Monitor-Ich zu schaffen, das die notwendige Kraft besitzt, die Monitorfunktion auszuüben sowie eine adaptive Regression herzustellen und zu regulieren" (Murray-Jobsis, 1988, S.244).

Mit anderen Worten gesagt, können Patient und Therapeut gemeinsam in die Trance regredieren. Das Ende der Regression wird durch das „Anker"-Ich des Therapeuten bestimmt.

Die Vorteile des Gebrauchs der Trance bei der Arbeit mit Patienten sind bekannt. Der Therapeut kann sich auf seinen Patienten „einstellen" oder „mit ihm fühlen" (Scagnelli, 1980), da er sich durch eine Art von Selbsthypnose in einem Zustand erhöhter Empathie befindet. Zusätzlich gelingt es ihm, die verwirrenden Emotionszustände des Klienten genauer zu erforschen, als es diesem selbst möglich ist, wodurch er dem Schizophrenen dabei helfen kann, sein aus der Bahn geratenes Gefühlsleben zu erkennen und als Teil seines Selbst zu akzeptieren. Auf diese Weise gewinnt der Therapeut Einsicht in die Vorstellungswelt des Patienten (Murray-Jobsis, 1985).

Wenn im Verlaufe der Therapie verschiedene Teile des Ichs des Therapeuten in die intersubjektive Verbundenheit mit eingegangen sind, bietet es sich an, fortzufahren und den Erfahrungen des Patienten in der Hypnose dadurch noch näher zu kommen, daß man aktiv an ihnen teilnimmt.

Der Begriff Tandemhypnose oder Doppel-Trance-Technik muß hier eingeführt werden, um Fälle zu kennzeichnen, in denen:
- der Hypnotiseur als aktiver Teilnehmer präsent und für den Patienten in seiner hypnotischen Vorstellungswelt sichtbar ist und
- der Patient und seine Aktivitäten sowie seine hypnotischen Eindrücke ebenso für den Therapeuten zugänglich sind.

Vorteile der Doppel-Trance-Technik bei der Behandlung eines schwer gestörten Patienten

- Wenn es dem Therapeuten gelingt, seine Fähigkeit zur emotionalen Resonanz mit der des Patienten in Einklang zu bringen, wird er dazu imstande sein, die Pathologie des Patienten, die sich während der Vorstellungsphase in greifbaren Symbolen und Ereignissen äußert, erfassen zu können.
- Nachdem introjizierte pathologische Interaktionen erkannt worden sind, versucht der Therapeut, die Abwehr- und Bewältigungsstrategien des Patienten auf angemessene Weise zu stärken, indem er rechtzeitig geeignete, die hypnotische Erfahrung betreffende Interventionen vornimmt.
- Für einen ich-schwachen Patienten ist die leichte emotionale Erreichbarkeit und Sichtbarkeit des Therapeuten sehr wichtig, bei dem er, wie ein von der Mutter verlassenes kleines Kind „emotional auftanken“ kann, wenn die Welt zu bedrohlich für ihn wird. (Später wird diese Art der Trancetechnik im Détail anhand der Darstellung des Falles einer besessenen psychotischen Patientin demonstriert werden.)

Veränderung des Zeitgefühls

Die parallel auftretenden Phänomene, die einerseits durch das verzerrte Zeitempfinden des akuten schizophrenen Wahnzustandes und andererseits durch die Zeitverzerrungstechniken der hypnotischen Interventionen entstehen, sind äußerst interessant. Die Ausweitung des Zeitempfindens (Altersregression, Altersprogression, Veränderungen der Wahrnehmung von

Geschwindigkeit und das Herbeiführen des Gefühls, „aus dem Takt“ zu sein) ist eine Technik, welche häufig von Hypnosetherapeuten angewandt wird (Edelstien, 1981; Araoz, 1983). Zusätzlich sind manche Autoren (Jung, 1978, 1990; Peto, 1976) der Ansicht, daß die Psyche dazu imstande ist, sich nicht nur innerhalb der Dimension der Zeit, sondern auch räumlich auszuweiten.

Es ist weithin bekannt, daß sich während hypnotischer Erfahrungen eine interaktive Synchronität einstellt, wobei Hypnotiseur und Patient gemeinsame, unbewußte Erfahrungen entwickeln (Bányai, 1988) und die Möglichkeit der Prädiktion oder Antizipation zukünftiger Ereignisse, wie zum Beispiel in Form von Träumen, besteht. Eine besondere Art der Antizipation tritt im Rahmen der hypnotischen Beziehung auf, wenn entweder der Patient oder der Therapeut den Eindruck hat, etwas früher als der andere entdeckt zu haben.

Weil gemeinsame archetypische Bilder anscheinend eine wichtige Rolle bei der Entstehung schizophrener Symptome spielen, kann angenommen werden, daß sich eine psychotherapeutische Technik, die diese archetypischen Erfahrungen miteinbezieht, dazu eignet, die schizophrene Symptomatik mittels vom Therapeuten ausgeübter Kontrolle, Anleitung und „Gefühlsanteilnahme“ (Benedetti, 1987) zu behandeln. Wie können diese archepsychischen Regionen durch die Hypnose erreicht werden? Zu diesem Zwecke dienen Techniken wie vertikale und horizontale Trancereisen in die subjektiven Dimensionen von Zeit und Raum.

Ein gutes Beispiel für vertikale Trancereisen in der Zeitdimension liefert die Hypnose im Zusammenhang mit Reinkarnationserfahrungen. Sicher ist die Frage ungewöhnlich, zu stellen, ob es in der Dimension der Zeit auch zu horizontalen Trancereisen kommen kann. Im Verlauf der Hypnosetherapie mit einer jungen Patientin konnte ich einmal Zeuge eines befremdlichen Ereignisses werden.

Ein Mädchen mit einer narzißtischen Persönlichkeitsstörung sollte sich vorstellen, in eine frühere Lebensspanne zu regredieren. Sie hatte die Vorstellung, mit einem Ballon tiefer und tiefer in einen Abgrund getragen zu werden. Als sie am Grund angekommen war, befand sie sich auf einer Wiese und war umgeben von Rittern aus der Zeit des Mittelalters. Außerdem sah sie auf der anderen Seite eines Flusses ein Schloß. Dann begann sie, durch die mittelalterliche Landschaft zu spazieren.

Diese Vorstellung kann als gleichbedeutend mit einer horizontalen Trancereise in der Dimension der Zeit betrachtet werden, wobei im weitesten Sinne ein der Reinkarnation ähnliches Erlebnis auftritt, da eine zeitliche Regression auf bildhafte Weise als tiefer Abgrund erscheint, in den man hinabsteigt und in die Zeit des Mittelalters mit ihren typischen Merkmalen gelangt. Es ist, als ob Zeit und Raum verschmolzen wären, um das Reich der Symbole zu eröffnen. Das Land der Dämonen, Monster, Teufel, Götter und anderer übermächtiger und transzendenter Wesen scheint irgendwo außerhalb von Zeit und Raum in einer Dimension wie dem Unbewußten zu liegen (Forgács, 1991).

Ganz allein in unserem Unbewußten umherzureisen ist zu gefährlich und in den Reihen der Schizophrenen finden sich viele Opfer dieser uneingeschränkten und unkontrollierten Trancereisen. Bereits zuvor wurde erwähnt, daß schizophrene Wahnvorstellungen auch Verzerrungen der Zeit- und Raumwahrnehmungen beinhalten. Überdies können bei Patienten mit einer Spaltung des Ichs auch reinkarnationsähnliche Erfahrungen herbeigeführt werden, wobei parallele ego-states vorliegen können, die entweder introjiziert werden, wie im Falle von Besessenheitswahn, oder projiziert, wie bei Verfolgungsphantasien. Zu einer Veränderung verschiedener ego-states kommt es bei der Psychopathologie im Zusammenhang mit Fluchtverhalten und multipler Persönlichkeit. Auch hier finden sich hin und wieder reinkarnationsähnliche Erlebnisse.

Wenn er den Patienten auf seinen Trancereisen begleitet, ist es die Aufgabe des Therapeuten, die psychotische Qualität der Erfahrungen in eine flexible Behandlungstechnik zu integrieren, die im Rahmen der intersubjektiven Verbundenheit angewendet werden kann, um dem Ich des Patienten zu dienen.

Wenn wir dieses Kapitel zusammenfassen, sehen wir, daß der Prozeß der Counter-Trance eine intersubjektive Verbundenheit herstellen kann, die sich auf das gemeinsame Verschmelzungserlebnis von Patient und Therapeut gründet. Letzteres resultiert aus der Verwischung der Ich-Grenzen, die ihrerseits eine Fusion von Selbst- und Objektrepräsentanzen gestattet. Diese Fusion kann als bedeutendster bei der Behandlung psychotischer Patienten betrachtet werden. Die Grenzen zwischen dem Selbst und den Anderen, Ich und Nicht-Ich, innerer und äußerer Realität, Vergangenheit und Zukunft, Zeit und Raum verschwinden und die psychotischen Erfahrungen werden zu Erlebnissen der Zeitlosigkeit, unabhängig von Raum und Kausalität, voller archaischer Symbole der Menschheitsgeschichte. Wenn der Therapeut im Kontakt mit dem Patienten als das Ziel seiner Projektionen fungiert, kann es ihm gelingen, mit Hilfe der intersubjektiven Verbundenheit eine gemeinsame Fusion der Selbst- und Objektrepräsentanzen herbeizuführen. Der ständige Prozeß der Veränderung seiner inneren psychischen Objekte gibt dem Patienten seine Differenzierungsfähigkeit zurück und gestattet ihm, die Kontrolle über seine inneren Ich-Grenzen wiederzugewinnen, was ihn dazu befähigt, Objekt- von Selbstrepräsentanzen zu trennen.

Kapitel 3

Der Bereich der Ich-Pathologie

Während der Annäherung an einen Patienten, der an einer Psychose leidet oder dessen Persönlichkeit schwer gestört ist, muß der Therapeut die notwendigen Schritte unternehmen, um Kontrolle zu gewinnen und eine intersubjektive Verbundenheit aufzubauen, damit er die Ich-Pathologie des Klienten erkennen und verstehen kann. Der Vorgang des Verstehens schreitet von außen nach innen fort … Hervorragende Beispiele für Explorationen der inneren Welt schizophrener Patienten finden sich bei Murray-Jobsis (1985).

3.1 Hypnose und mentale Repräsentation

Die Hypnose gilt als der zweitwichtigste Zugang zum Unbewußten; dasselbe gilt für mentale Repräsentationen. Vom Standpunkt der Psychoanalyse aus gesehen handelt es sich bei mentalen Repräsentationen um die grundlegendsten Ursachen menschlichen Handelns (Beres & Joseph, 1970).

Die menschliche Natur befähigt uns dazu, nicht nur direkt auf unsere Umgebung, sondern zunächst auf eine innere Repräsentation der äußeren Realität zu reagieren. Objekt- und Selbstrepräsentanzen haben bewußte und unbewußte Aspekte, die auch inkongruent sein können, wie sich zum Beispiel bei der ersten Hypnosesitzung mit einer Borderline-Patientin zeigte:

Eine 24 Jahre alte Dolmetscherin wurde wegen einer Konversionshysterie in die psychotherapeutische Abteilung überwiesen. Nach der Durchführung psychologischer Testverfahren stellte sich heraus, daß die zugrundeliegende Pathologie eine Borderline-Persönlichkeitsstörung war. Ihre Mutter, die an einem bösartigen Tumor litt, starb zwei Jahre zuvor. Zu ihr hatte sie eine starke Bindung und ihre Beziehung konnte als symbiotisch bezeichnet werden. Oft verteidigte sie ihre Mutter gegenüber ihrem Vater, der ein aggressiver Alkoholiker war. Sie erzählt eines ihrer schrecklichen Kindheitserlebnisse, bei dem ihr Gesicht und ihr Schlüsselbein schwer verletzt wurden, als sie sich zwischen ihre Eltern stellte und der Vater gegen ihre Mutter körperliche Gewalt anwendete. Von diesem Zeitpunkt an haßte sie ihren Vater. Auf eine Frage des Therapeuten antwortet sie, daß sie, sobald sie erwachsen war, bei ihrer Mutter schlief und der Vater aus dem Schlafzimmer verbannt wurde.

Während der ersten Hypnosesitzung gab ich ihr die Suggestion, sich ein altes Schloß vorzustellen (auf die Bedeutung des Schlosses als Symbol wurde bereits oben eingegangen). Zunächst erblickte sie hier ein Schlafzimmer, in dem sich ein einsames 3-jähriges Mädchen befand. Sie fragte es, wo seine Eltern wären, und das Mädchen antwortete, daß der alte König, der ihr Vater sei, sehr traurig darüber wäre, daß die böse Amme ihm immer schlimme Dinge über seine Tochter berichtete.

Diese Hypnosesitzung verdeutlicht, daß hier die unbewußte Repräsentation der Borderline-Patientin vorliegt, die das Gegenteil der bewußten darstellt. Die hypnotische Vorstellung enthüllt die Liebe und die Sehnsucht, die das 3-jährige Mädchen gegenüber ihrem omnipotenten Vater und König empfindet und die Vereitelungen ihrer neidischen und eifersüchtigen Mutter, die sich hier als böse Amme zeigt. Obwohl dies der Patientin nicht näher erklärt wurde, brach sie die Therapie ab und verlangte nach einer medizinischen Untersuchung. Ich denke, daß sie sich nicht erlauben konnte, die wahren Gefühle gegenüber ihren Eltern zuzulassen, weil in diesem Falle ihre auf Spaltung beruhende Abwehr zerbrechen würde, wobei sie ihrer Mutter nur die guten und ihrem Vater nur die schlechten Eigenschaften zuschrieb.

Um die Pathologie des Ich und diesbezügliche Veränderungen im Verlaufe der Therapie zu veranschaulichen, werden zwei klinische Fälle dargestellt.

3.2 Klinischer Fall: Der „Wilde Roland“

Roland war 25 Jahre alt und Medizinstudent, als ich ihn das erste Mal sah. Er mußte zwei Studiensemester an der Universität wegen psychotischer Episoden verschieben. Vor dem Ausbruch der Schizophrenie fühlte er sich einsam, depressiv und ängstlich und war auch unfähig, Beziehungen mit anderen Menschen einzugehen. Dann lud man ihn dazu ein, an einer spirituellen Yoga-Gruppe teilzunehmen. Nach dieser Erfahrung fühlte er sich allmächtig, verglich sich mit Jesus Christus und begann in der überfüllten Wartehalle eines Bahnhofs über die Verfolgung eines Lichtpunktes zu predigen, der den Menschen den Weg zu vollkommener Wahrheit und Lebensfreude weisen würde. Er wirkte abwechselnd ekstatisch und aggressiv, wobei er wild umherrannte, Anwesende angriff und sie wegen ihrer Sünden anbrüllte und beschimpfte.

Als er das zweite Mal psychotisch wurde, hielt er seinen Vater für Gott und jagte seine Mutter, die er als Ursprung alles Bösen bezeichnete, aus dem Haus. Während des ersten Interviews vermutete ich, daß sein Vater eine Borderline-Persönlichkeit war, auf die sich offensichtlich sein ganzer Ärger richtete. Seine Mutter erschien mir als kühle, rigorose narzißtische Person, deren Liebe und Zuwendung für Roland unerreichbar blieben. Sie war nie dazu fähig gewesen, Roland in seiner Säuglingszeit zu stillen, und man verwendete die Milch von vier verschiedenen Müttern. Mit zehn Jahren erlitt Roland bei einem Skiunfall eine Hodenverletzung, weshalb er fürchtete, kein richtiger Mann mehr zu sein. Seine erste psychotische Episode brach aus, als die Beziehung zu einem Mädchen in die Brüche ging und seine Schwester sich in einen Jungen verliebt hatte.

Ich nenne den Patienten aufgrund der Ähnlichkeit seiner Geschichte zu Ariostos Gedicht „Orlando Furioso“ den „Wilden Roland“. Da Roland als Kind gerne Abenteuergeschichten gelesen hatte, beschloß ich, mich an die Zeitperiode des Mittelalters zu halten, und als er mich darum bat, ihn in Hypnose zu versetzen, gab ich ihm die Suggestion, sich ein mittelalterliches Schloß vorzustellen. Die Darstellung und die Analyse der ersten Hypnosesitzung findet sich weiter oben unter dem Titel „Gemeinsame projektive Identifizierung“. Ich habe jedoch dort ein bemerkenswertes Détail unerwähnt gelassen. Als Roland das Kind gefunden hatte, fragte ich ihn, ob es von irgendjemandem beaufsichtigt wurde oder nicht. Der von mir verwendete Ausdruck „beaufsichtigt werden“ stellt in meiner projektiven Phantasie ein unbewußtes Signal für die ungenügende mütterliche Betreuung dar, die Roland als Kind selbst erlebte. Er antwortete spontan, daß es vier Frauen gibt, die das Kind versorgen. Tatsächlich identifizierte sich Roland mit meiner Projektion, da seine Mutter nicht dazu fähig war, ihn zu stillen, und die Milch von vier verschiedenen Frauen verwendet wurde. Überdies zeigte sich der überwältigende, autoritäre und phallische Aspekt der mütterlichen Betreuung im Jungschen Quaternio der vier das Kind beaufsichtigenden Frauen.

Die zweite Vorstellung schloß sich an wie die Fortsetzung eines Zeichentrickfilms und so produzierten Roland und ich eine richtige, fortlaufende Geschichte. Die hypnotische Induktion bestand nur noch aus der Erinnerung an die vorhergehenden Vorstellungen. Eine Beschreibung der zweiten Vorstellungssequenz erfolgt in Form des Originaldialogs mit eingestreuten Kommentaren des Therapeuten.

Roland: Ich kann die Mauern des Schlosses sehen.
Therapeut: Ja, sehr gut.
Roland: Eine Frau erhängt sich, mit einem Strick um den Hals.
Therapeut: Ja.
Roland: Es ist genau wie in dem Film „Das Omen“.
Therapeut: Wer ist diese Frau?
Roland: Eine der Frauen, die das Kind betreuen.
Therapeut: Warum erhängt sie sich?
Roland: Ich weiß nicht.
Kommentar: Es war schrecklich, das zu hören. Vom theoretischen Standpunkt aus gesehen ist es klar, daß Roland, der eine böse Mutter hat, versucht, diese loszuwerden. So rächt er sich für die schlechte mütterliche Betreuung.

Therapeut: Möchtest Du ihr helfen?
Roland: Ja, ich will ihr … den Strick vom Hals wegnehmen.
Therapeut: Gut … was geschieht nun?

Roland: Sie fällt herunter … weil sie den Strick abgenommen hat … fliegt herunter … ihr langes Kleid flattert … weht im Wind … jetzt kommt sie unten an.

Kommentar: Hier handelt es sich anscheinend um die Repräsentation des zweiten Traumas, den Skiunfall: der Sturz wird durch das Herunterfallen symbolisiert.

Therapeut: Wo fällt sie hin?

Roland: In der Nähe des Schlosses … sie ergreift ein Schwert … rennt umher … läuft hinauf in das Schloß.

Therapeut: Was möchte sie wohl tun?

Roland: Sie sucht irgendetwas … nun sieht sie aus, als ob sie sich in einen Soldaten verwandelt hätte.

Therapeut: Vielleicht … Aber warum wollte sie sich erhängen?

Roland: Sie wollte das Kind nicht mehr beaufsichtigen.

Kommentar: Später gibt Roland dem Soldaten den Namen Bess. Der weibliche Name weist auf den Ursprung der Figur hin: versteckte Überwachung und unerwünschte Übergriffe der Mutter. Nachdem sie sich verwandelt hat und der mütterlichen Aufsicht entkommen ist, repräsentiert Bess den psychisch gestörten Teil in Rolands Persönlichkeit. Er selber konnte den unerwünschten Übergriffen seiner Mutter nur durch seinen Wahn entgehen.

Therapeut: Was tut Bess?

Roland: Jetzt geht sie auf den Balkon, fällt vorwärts und stürzt hinunter.

Kommentar: Offensichtlich eine zwanghafte Wiederholung im Zusammenhang mit dem Skiunfall.

Therapeut: Wo ist das Kind?

Roland: Es liegt in seinem Bett.

Therapeut: Was tut es gerade?

Roland: Es spricht.

Therapeut: Was?

Roland: Es sagt: ditschirin-didiri-tick-tack-tick-tack-dicktarassa.

Therapeut: Es ist wirklich süß … Wer ist seine Mutter?

Roland: Eine der Frauen, die es betreuen.

Therapeut: Wie sieht seine Mutter aus?

Roland (emotional): Ihr Gesicht sieht aus, wie das der Madonna ... der Maria ...

Therapeut: Ja ... und ist das Kind dazu fähig, zu zeigen, zu wem es gehört?

Roland: Es kennt seine Mutter nicht.

Therapeut: Aha ... es wäre nett, wenn es ihre Bekanntschaft machen würde, nicht wahr?

Roland: Die anderen Betreuerinnen gestatten das nicht.

Therapeut: Ich glaube, das Kind wäre froh, wenn seine Mutter und Du es aufziehen würdet.

Roland (liebevoll): Das Kind sagt: Mama, wo bist Du? Ich brauche Dich!

Therapeut: Hmm ...

Roland: Wo bist Du, Mama? (Er weint.)

Therapeut: Du solltest die anderen Betreuerinnen wegschicken, einfach wegschicken. Laß nur die Mutter bleiben!

Roland: Das Kind lächelt und sagt: Du bist meine richtige Mama! Die Mutter streichelt sein Haar ... sie kitzelt das Kind ein wenig ... und es scheint sehr fröhlich darüber zu sein.

Kommentar: Das Kind scheint die Repräsentation der guten Aspekte in Rolands Persönlichkeit zu sein und die wahre Mutter steht für Rolands gute Objektrepräsentanz. Das Verschwinden der Betreuerinnen, die die mütterlichen Übergriffe symbolisieren, ermöglicht schließlich die Reifung des Kindes zum Erwachsenen.

Im Verlauf der dritten Vorstellungssequenz pflückte Roland Blumen für die Mutter des Kindes und er bemerkte einen jungen, schönen Prinz, der diese und das Kind retten wollte. Es stellte sich heraus, daß der Prinz der wahre Vater des Knaben war, obwohl der Schloßherr sich dafür hielt. Wenn der Herr des Schlosses dies erführe, würde er sich an dem Prinz und der Mutter rächen, indem er ihnen damit drohte, sie zu vernichten. Deshalb sollten sie das Geheimnis bewahren.

Das Fortschreiten der therapeutischen Arbeit und der hypnotischen Beziehung zeigt sich darin, daß die dritte Vorstellungssequenz, nachdem sich die zweite mit einer prä-ödipalen Thematik auseinandersetzte, nun ödipale Konflikte offenbart. Rolands Mutterliebe zeigt sich in der Beziehung der Mutter des Kindes zu dem Prinz.

In der Zwischenzeit fühlte sich Roland besser und während einer Unterhaltung im Wachzustand gab er an, daß er, je besser es ihm ginge, umso unzufriedener mit seinem eigenen Körper und besonders mit seinen Genitalien würde. Tatsächlich schien Roland selbstbewußter zu werden, was sich an seiner kräftigeren und ausdrucksvolleren Stimme bemerkbar machte.

Seine gestörte sexuelle Identität und die hieraus resultierenden psychotischen Konsequenzen machten sich in der vierten Vorstellungssequenz bemerkbar. Zu Beginn sah Roland das Schloß des Prinzen, das aussah, wie ein großer Fabrikschornstein. Der Prinz lebte in einem Zimmer im obersten Stock. Das „Schornstein-Schloß" steht für eine narzißtische Abwehr gegen die Verletzung seiner Genitalien durch den Skiunfall. Die Übertreibung und bis zur Omnipotenz reichende Wiederherstellung des verletzten Phallus werden durch dieses Bild symbolisiert. Wenn wir den Dialog Schritt für Schritt verfolgen, bemerken wir, wie es zwischen Roland und dem Prinzen zu einer Fusion kommt.

Roland: Jetzt wacht der Prinz auf. Er ist sehr schläfrig und sucht sein Schwert. Er findet es an der Wand. Dann zieht er seine Socken und die kleinen Schuhe an und beginnt, langsam nach unten zu gehen. Er sagt: „Wie gut ich mich fühle! Alles ist jetzt so schön und steht in voller Blüte! Ich mag das sehr gern! Das ist meine Welt und der Morgen ist wunderschön."

Therapeut: Hat der Prinz Dich gesehen?

Kommentar: Ich kann die Fusion von Roland und dem Prinzen nicht erkennen.

Roland: Das ist komisch. Er hat mich noch nicht gesehen. So als wäre ich unsichtbar geworden. Jetzt erblickt er mich. „Wer bist Du, alter Freund?" – „Ich bin Roland." – „Was willst Du hier?" – „Ich bin gekommen, um mir Dein Schloß anzuschauen." – „Schön. Gefällt es Dir?" – „Ganz so toll ist es nicht. Ich habe schon bessere gesehen." – „Für mich ist es gut genug." Damit mag er recht haben.

Kommentar: In diesem vertraulichen Dialog zeigt sich Rolands Unzufriedenheit mit seinen Genitalien auf symbolische Weise.

Roland: Die Bäume werden schön sein, wenn sie einmal Früchte tragen und alles wird gut sein. Es wird Äpfel und Kirschen geben. Ich kenne nicht alle dieser Bäume, sehe aber ihre weißen Blüten. Jetzt sehe ich auch rote.

Kommentar: Diese Metapher deutet auf die Verheißung einer reifen Sexualität hin.

Therapeut: Was macht der Prinz gerade?

Roland: Der Prinz ist drüben am Burggraben und wäscht seine Socke. Eigentlich hat er sie schon angezogen, aber da ist vielleicht noch eine andere. Er wäscht und wäscht und ich glaube, er ist zufrieden mit sich selber. Da ist ein Loch in seiner Socke. Man sollte sie stopfen. Sollte er zu der Mutter des Kindes zurückgehen, damit sie sie stopfen kann?

Therapeut: Was sollte der Prinz also tun?

Roland: Ich weiß es wirklich nicht. Irgendjemand könnte in der Nähe sein … ich glaube, dort drüben ist eine Kirche …

Kommentar: Eine komplette Fusion von Roland und dem Prinzen hat stattgefunden. Seine reife Sexualität war aufgrund des Traumas (des Skiunfalls) zum Scheitern verurteilt, was von Roland als Bestrafung für seine Sünden, nämlich die ödipalen Wünsche, bewertet wird. Seine Schuldgefühle werden durch das Waschen der Socken symbolisiert. Um die Schuldgefühle zu bekämpfen, d.h., die Socke zu stopfen, erscheint in der Vorstellung eine Kirche.

Roland: Ich betrete die Kirche. Es sind schöne Fresken an den Wänden … hier ist eine von Michelangelo … ich weiß nicht, wessen Berührung das ist … wenn irgendetwas Neues geboren wird …

Therapeut: Die Erschaffung Adams.

Roland: Tatsächlich. Jemand streckt seine Hand aus. Dann gibt es da ein anderes Bild von Jesus Christus, der das Kreuz trägt. Ich habe es als Kind schon einmal gesehen … ja, in unserer Kirche … ich kann den Altar und die Kerzen sehen … Da ist ein Priester. Er zelebriert die Messe in seinem langen Gewand … Da sind auch Leute in der Kirche … alte Frauen in schwarzen Kleidern, die sich mit Gebetbüchern in der Hand über die Bänke beugen und mit leiser Stimme Gebete murmeln.

Kommentar: Die Kirche, der Priester und die religiösen Fresken zeigen sich während des Durcharbeitens des sexuellen Traumas und der daraufhin auftretenden Schuldgefühle auf der Ebene des Über-Ich. Es stellt sich die Frage, ob sich Roland eher mit einer realen Person, wie sie der Priester darstellt, oder mit einer transzendenten Person wie Jesus Christus identifizieren kann. Wie wir sehen werden, wird das Symbol des potentiellen Heilers durch Rolands narzißtische Abwehr ebenso überzogen dargestellt, wie im Fall seiner traumatisierten sexuellen Identität. Deshalb muß sich Roland mit Jesus Christus identifizieren, da sein Vater sich als schwache und für diesen Zweck unzureichende Person entpuppte.

Roland: Brennpunkt! …Alles steht im Brennpunkt.

Kommentar: In diesem Moment wurde ich ängstlich. Ich dachte, er würde über seine psychotischen Erfahrungen sprechen und wußte nicht, was ich hätte tun sollen, wenn es während der Hypnose zu einem psychotischen Zustand gekommen wäre.

Therapeut: Wo befindet sich dieser Brennpunkt?

Roland: Ich kann jetzt einen Brennpunkt sehen, eine Kuppel. Sie hat ein Zentrum. Jetzt konzentriere ich mich darauf.

Therapeut: Ja.

Roland (ängstlich): Das Zentrum!

Kommentar: Vergangene psychotische Erfahrungen stiegen wieder auf, in denen Roland einen Lichtpunkt, d.h. Gott, verfolgen mußte. Die Worte Brennpunkt und Zentrum können als Symbole der psychotischen Erleuchtung betrachtet werden.

Roland: Ich bin darüber so erstaunt, aber es ist verschwunden … Jetzt kommt der Priester, nimmt ein Stück Brot, spricht ein Dankgebet, bricht das Brot und gibt es den Leuten, wobei er sagt „Nehmt und eßt … dies ist mein Leib“. Dann nimmt er einen Becher, dankt Gott und reicht ihn den Leuten. „Trinkt alle davon … dies ist mein Blut“.

Therapeut: Wie sieht der Priester aus? Kannst Du sein Gesicht sehen?

Roland: Er hat wenig Haare … er ist groß, schlank, er hat eine hohe

Stirn ... er ist ein freundlicher Mann. Er hat eine tröstende, tiefe Stimme. (Roland imitiert die Stimme des Priesters.) „Nehmt, dies ist mein Leib, der für Euch hingegeben wird ... Trinkt alle davon, dies ist mein Blut ... Jesus von Nazareth ... „Jetzt kann ich diesen Brennpunkt wieder sehen ... wieder dieser Brennpunkt ... die selbe Kuppel ... und der Brennpunkt ist hier. (Rolands Stimme stockt.)

Kommentar: Roland versucht, sich mit dem Priester zu identifizieren, dies wird jedoch durch seine psychotische Fusion mit dem Symbol Jesus Christus verhindert.

Roland: Ich konnte die Gegenwart Christi spüren, als ich dem Licht folgte. Das war, nachdem ich an dieser spirituellen Yogasitzung teilgenommen hatte.

Therapeut: Jetzt erkennst Du, daß es nicht gefährlich für Dich ist.

Roland: Sicher.

Therapeut: Dadurch, daß Du eine Erfahrung wiedererlebst, wird Dir die Möglichkeit gegeben, den Priester zu fragen, welches der richtige Weg ist, den Du verfolgen sollst.

Kommentar: Ich möchte, daß Roland sich mit den väterlichen Eigenschaften des Priesters identifiziert. Anstatt einen Lichtpunkt sollte er realistische moralische Ziele verfolgen.

Roland: Der Priester sagt mir, daß ich meinen Weg weiter verfolgen soll, aber ich weiß nicht genau, was das für ein Weg ist.

Therapeut: Wenn Du aus der Kirche gehst, wirst Du sicherlich einen Weg sehen, den Weg, der die Vergangenheit mit der Zukunft verbindet ... Das alte Schloß mit dem Kind und das Schloß des Prinzen ... einen Weg, auf dem Du zurück und vorwärts gehen kannst ... das hängt alles von Dir ab.

Roland (emotional): Ich möchte das Kind wiedersehen.

Therapeut: Gut, dann gehe zurück zu dem alten Schloß.

Roland: Der Weg ist schlecht ... er sollte dringend ausgebessert werden ... Ich kann das alte Schloß sehen und einer der Wachposten stützt sich auf seinen Speer wie ein Schwachkopf.

Therapeut: Ist es Bess?

Roland: Ja. Er erkennt mich und grüßt mich freudig.. (Roland beginnt zu lachen.) „Hallo, alter Freund!“ Ich betrete das Schloß.

Bess muß weiter auf Wache bleiben. Ich störe ihn nicht ... Jetzt höre ich Echos im Schloß. Meine Schritte hallen. Alles hallt. Was für eine interessante Erfahrung! Sowas habe ich noch nie gehört! „Hallo!“

Kommentar: Rolands Selbst spiegelt sich in der Übertragungsbeziehung wider, was durch das in der Hypnose auftretende Echo zutage tritt. Seine Persönlichkeit hat soviel an Macht gewonnen, daß sie fähig ist, in dieser Umgebung ein Echo zu erzeugen.

Roland: Ich suche nach dem Kind. Es liegt in einer Wiege und lutscht an einem seiner Finger. Wie gut es sich fühlt! Nur eine Betreuerin ist bei ihm ... es ist seine Mutter. Sie geht zu ihm hin und stillt es. Das Kind möchte die Brust vollkommen aufsaugen. Jetzt hat es aufgehört und ist satt. Die Mutter läßt es wieder herunter. Sie bringt ihr Kleid in Ordnung und läßt es allein ... Ich hätte gerne, daß das Kind sprechen könnte!

Therapeut: Es wird sprechen lernen, wenn es Zeit ist.

Während der darauffolgenden Therapiesitzung erzählte mir Roland, daß es ihm immer besser ginge und daß seine Angst und seine Depressionen verschwunden seien. Während der nächsten zwei Vorstellungen erschien der Schloßherr zusammen mit ihm vor dem Kind, das jetzt sprechen konnte. Roland dachte sich eine wichtige Rolle für Bess aus. Er sollte als Lastwagenfahrer in der Umgebung des Schlosses arbeiten.

Unglücklicherweise wurde bei Roland, als er sich weitgehend erholt hatte, eine Sarkoidose (Boeck-Krankheit) diagnostiziert. Die Therapie wurde plötzlich unterbrochen, da er sich einer Operation unterziehen mußte, der eine Steroidmedikation folgte. Später versuchte er, sein Universitätsstudium fortzusetzen, aber er wurde sehr zurückgezogen und es kam wieder zu einer akuten Psychose.

Zusammenfassend ist zu sagen, daß Rolands dynamische Einzeltherapie unter Verwendung hypno-analytischer Techniken nach sechs Monaten als teilweiser Fehlschlag beendet werden mußte. Das Ergebnis läßt sich jedoch auch als partieller Erfolg bewerten, wenn man die Symptomfreiheit und das erhöhte Selbstvertrauen des Klienten in Betracht zieht. Die Hypno-Analyse enthüllte starke Mutterkonflikte, die Wiederherstellung der sexuellen Identität gelang jedoch nicht.

Einer der Gründe für den Fehlschlag könnte das ungenügende Durcharbeiten der Gegenübertragung sein. Trotz der Tatsache, daß sich bei Roland in der ersten Hypnosesitzung starke Rivalität gegenüber dem Therapeuten auftrat, gelang keine Auflösung des Ödipuskonfliktes, da der Therapeut unbewußt darum bemüht war, diesen Problembereich bei Roland zu umgehen.

3.3 Klinischer Fall: Eva und das Böse

Es war der 22. Februar 1989. Ich hatte Dienst in der Psychiatrischen Abteilung, als eine attraktive Frau aus der Toxikologie des Borsod County Hospitals zu mir überwiesen wurde. Sie hatte versucht, Selbstmord mit Tabletten zu begehen und nachdem die Vergiftungserscheinungen verschwunden waren, stellte sich heraus, daß sie psychotische Symptome zeigte. Ihr Bericht war faszinierend und schrecklich zugleich:

„Ich wollte mich umbringen, weil ich ständig von Stimmen spiritueller Kreaturen dazu gezwungen wurde. Diese spirituellen Wesen sagten, daß sie mich als Schuldige betrachteten, die erschossen werden müßte, wenn ich mich nicht selber vergiften würde. Ich muß sterben, weil ich eine Mörderin bin. Ich habe jemanden umgebracht. Letzten Sommer verbrachten mein Mann und ich zusammen ein Wochenende und eine Frau aus der Nachbarschaft lud mich zu sich nach Hause ein. Wir tranken ein Glas Bier. Nach einer Weile wurde mir ganz schwindlig und es war , als ob der Wald um mich herum immer näher käme. Heute bin ich überzeugt, daß sie mich vergiftet hat. Ich hatte das Gefühl, zu explodieren und, – ich erinnere mich nur unscharf -, es kann gut sein, daß ich mir alle Kleider vom Leib gerissen habe und in den Wald gerannt bin, wo ich Geschlechtsverkehr mit drei jungen Männern hatte. Als ich zum Haus der Nachbarin zurückkehrte, bemerkte ich ein blutiges Messer in meiner Hand und ich wußte nicht, ob ich jemanden umgebracht hatte oder nicht. Ich habe auch noch eine andere Erinnerung an das, was geschah. Ich sah einen Mann mit einem roten Bart, zwei Hörnern und Hufeisen. Er sah aus wie ein Zentaur. Ich kämpfte mit ihm und erstach ihn mit dem Messer, aber er rollte sich auf dem Boden fort, lachte schrill und sagte: „Du hast Dich selber umgebracht!“.

Während der ganzen Szene hörte ich ein Kreischen, Schreie und ein teuflisches Kichern. Ich sah eine weiße Gestalt mit einem Strick in der

Hand, die mir sagte: „Erkennst Du mich nicht? Ich bin Du selber. Du wirst Dich mit diesem Strick erhängen.“ Dann sah ich lauter schwarze Teufel, die sich um mich herum drängelten. Jeder einzelne von ihnen sagte, daß er gut sei und die anderen böse. Ich wußte, daß sie Wesen aus dem Weltraum waren, die die Menschen auf der Erde beobachteten. Sie halten die Leute für dumm, weil sie sich für die Herrscher der Welt halten, was überhaupt nicht wahr ist. Ich muß nun sterben, da ich ihr Geheimnis entdeckt habe. Sie sind unsichtbare Lichtkreaturen, die in Kiefernzapfen leben und keinen Körper haben. Deshalb müssen sie sich die Körper der Toten borgen, um sichtbar zu werden. Tatsächlich sah ich einige Tote, die ich zuvor gekannt hatte. Sie waren schwarz, nur mein anderes Ich war weiß, weil ich noch lebte. Sie sagten mir den Tag meiner Fehlgeburt voraus und es traf zu. Es wurde auch vorausgesagt, wann ich einen Selbstmordversuch begehen würde und auch dies geschah. Ich habe bisher drei Selbstmordversuche unternommen. Die Wesen erinnerten sich daran, daß meine Nachbarin mich mit Rum betrunken gemacht hat, mich auf ihr Bett legte, zum Hermaphroditen wurde und mich vergewaltigte. Am nächsten Tag wußte ich nichts mehr davon. Einen Tag später träumte ich wieder davon. Von diesem Zeitpunkt an hörte ich die Stimmen dieser Weltraumwesen und ihre üblen Prophezeiungen über meinen schicksalhaften Tod und das Unglück meiner Familie.“

Im folgenden kurz die wichtigsten Anamnesedaten:

Eve, eine 35jährige Frau, ist seit erst zwei Jahren verheiratet und kinderlos. Ihre Schwangerschaft erwies sich als gefährlich, da eine Rhesus-Inkompatibilität vorlag und es kam an dem von den Weltraumwesen vorhergesagten Zeitpunkt zu einer Fehlgeburt. Die Beziehung zu ihrer Mutter hat symbiotischen Charakter. Als sie nach ihrer Hochzeit auszog, meinte diese, daß es (für die Eltern) genauso sei, als wäre sie gestorben. Der Großvater mütterlicherseits, der den Wahn hatte, von Zaubermächten besessen zu sein, war seit der Zeit psychotisch, als sein Sohn seine Freundin mit einem Messer schwer verletzt hatte (!). (Es ist wichtig, darauf hinzuweisen, daß Eve in der düsteren, von ihr berichteten Szene ebenso den Teufel erstochen hat.)

Von ihrer Großmutter, die bei der Familie lebte, hörte sie als junges Mädchen, daß der Teufel dazu fähig sei, sich in die Genitalien der Mädchen zu stehlen, woran sie seit dieser Zeit auch glaubte. Sie hielt sich selber für so häßlich wie den Teufel und sie hätte am liebsten ihre eigene Haut aufgegessen. Wegen verschiedener Fehlschläge in vorausgegangenen Beziehungen heiratete sie recht spät.

Man diagnostizierte bei ihr eine narzißtische Persönlichkeitsstörung mit psychotischem Besessenheitswahn und verabreichte Neuroleptika. Entzugserscheinungen und schwerer Angststupor mit akustischen Halluzinationen und zwanghaften Selbstmordphantasien waren charakteristische Merkmale ihres Krankheitsbildes. Manchmal saß sie einfach den ganzen Tag lang in einer Ecke und grübelte darüber nach, wie sie sich umbringen könnte.

Nach vier Monaten der Medikation verbesserte sich ihr Zustand nicht im geringsten. Zu dieser Zeit brach ich Rolands Psychotherapie ab und verfügte über genügend Zeit und Enthusiasmus, eine neue Einzeltherapie mit einer psychotischen Patientin zu beginnen. Die hoffnungslose Situation dieser Patientin, ihre Angst vor den bösen Prophezeiungen der Stimmen, stellte eine besondere Herausforderung für mich dar. Meine therapeutische Zielsetzung war, mit Hilfe der Hypnose sämtliche bösen Teilaspekte in ihre Gesamtpersönlichkeit zu reintegrieren.

Weil sie ihren beiden jüngeren Schwestern gerne Geschichten von einer Fee namens „Fairy Helen" vorlas, bat ich sie darum, sich vorzustellen, im Märchenland zu sein.

Im Verlaufe der einjährigen Individualtherapie mit 42 Behandlungsterminen wurden 14 Hypnosesitzungen durchgeführt. Es stellte sich eine vollkommene Besserung ein. Später wurde sie schwanger, es kam jedoch unglücklicherweise wieder zu einer Fehlgeburt. Heute ist sie symptomfrei, zeigt wieder ihr gewohntes Aktivitätslevel und hat die Freude am Leben zurückgewonnen.

Zu Beginn der ersten Sitzung sah sie eine Hündin und ihre Welpen, die in den Wald gingen. Es gelang dem Muttertier nicht, genügend Beute zu fangen, um seine Jungen zu füttern. Dann erschien Fairy Helen in einem schönen weißen Gewand und mit goldenen Haaren und gab der Mutter Nahrung für ihre Welpen. Die Fee flog von Baum zu Baum (siehe auch Siegfrieds erste Reise auf dem Rhein, als er von einem Vogel geführt wurde). Eve folgte ihr und sie entdeckte ein schönes Feenschloß. Als sie hineinging wollte sie, auch für Fairy Helen, unsichtbar bleiben, weil sie vor allem Angst hatte. Es stellte sich heraus, daß das Leben der Fairy Helen aus guten Taten bestand, daß sie zum Beispiel Tiere fütterte und Menschen half, wobei sie mit niemandem zusammen zu leben brauchte.

Es ist bemerkenswert, daß Eve gegenüber Fairy Helen eine narzißtische Abwehr aufrechterhielt (sie war unsichtbar), während sie die Fee gleichzeitig als vollkommen guten Teil ihres Selbst anerkannte. Fairy Helen war anscheinend der vertikal gespaltene Teil ihres Selbst, der nicht verdrängt, sondern nur unterdrückt wurde (Kohut, 1977).

Die zweite Vorstellung ist hier im Originaldialog wiedergegeben. Ein hypnotischer Zustand wurde durch Erinnerung an vorhergehende Vorstellungen induziert.

Eve: Das Märchenschloß dreht sich auf einem Entenfuß im Kreis herum.

Kommentar: Dies ist charakteristisch für ungarische Volksmärchen ... Um jedoch die Wahrheit zu sagen, ertönte während der ganzen Zeit der Aufnahme ein komisches Klicken aus dem Kassettenrecorder ...

Eve: An den Fenstern sind vergoldete kleine Scheiben. Das Schloß dreht sich immer im Kreis und sanfte Musik klingt aus seinem Inneren. Das Schlafzimmer ist mit goldenem Brokat ausgekleidet. Die Fee schläft in einem hübschen Himmelbettchen. Alles ist wunderschön. Die Fee hat goldene Pantoffeln. Aber sie hat Angst.

Therapeut: Warum hat sie Angst?

Eve (ängstlich): Wegen einer bösen Hexe. Sie hat ihr mit Zerstörung gedroht, wenn sie weiterhin den Menschen und Tieren hilft.

Therapeut: Die Fee müßte wissen, wie sie sich verteidigen kann.

Eve: Ja, natürlich. Aber sie hat weniger Zauberkraft als die Hexe. Die Fee kann sich in jede Art von Tier oder Pflanze verwandeln .. und die böse Hexe kommt ...

Therapeut: Wie schaut sie aus?

Eve: Sie ist eine häßliche Hexe mit einer Nase aus Eisen, zahnlos, mit Pickeln auf der Nase, schwarz gekleidet, die Haare hängen ihr ins Gesicht, sie hat grotesk lange Fingernägel. Sie kommt auf ihrem Besen daher.

Kommentar: Zum Glück bedeutet mein Name in der ungarischen Sprache „Eisen". Auf diese Weise können meine Patienten schnell eine „positive" Übertragung herstellen.

Therapeut: Ich glaube nicht, daß die Hexe das Ziel hat, die Fee zu zerstören. Sie kann mit niemandem kämpfen. Vielleicht möchte sie sie nur bedrohen.

Eve: Tatsächlich.

Therapeut: Sie sollten die böse Hexe auf die Probe stellen ... Sie muß eine Schwäche haben ... Sie können sie herausfinden ...

Eve (nach langer Zeit): Die Kraft der Hexe steckt in ihrer eisernen Nase. Wenn man ihre Nase abschneiden würde, würde sie auch ihre Macht verlieren ... Aber die Fee ist gut und will die Hexe nicht zerstören.

Therapeut: Was passiert jetzt?

Eve: Die Hexe fliegt gerade auf das Schloß zu. Die Fee frühstückt zu Hause ...

Therapeut (zögernd): Sie könnten sich ja zusammensetzen und verhandeln.

Eve: Nein. Die Hexe kreischt: „Ich habe Dir gesagt, daß Du zerstört wirst, wenn Du Menschen und Tieren hilfst!" Die Fee erschrickt sich so sehr, daß sie sich in ein Rehkitz verwandelt.

Therapeut: Ja.

Eve (erregt): Die böse Hexe verfolgt sie, das Rehkitz rennt, rennt und rennt und die Hexe ist auf ihrem Besen hinter ihm her. Gleich fängt sie es.

Therapeut: Die Hexe ist nicht zuhause, also nicht an einem sicheren Ort.

Eve: Nein, nein.

Therapeut: Ihr könnte etwas zustoßen.

Eve: Das Rehkitz hat sich in zwei Äpfel verwandelt. Die Hexe hat sie nicht aufheben können und jetzt rollen sie weg. Sie kann nicht nach ihnen greifen, sie rollen und rollen bergab, sie rollen und rollen. Sie rennt ihnen hinterher, aber sie kann sie nicht fangen.

Therapeut: Die Hexe muß sehr verärgert sein.

Eve: Wirklich ... Sie hätte sie fast erwischt. Jetzt hat sich die Fee in einen Hasen verwandelt und beginnt zu rennen. Sie rennt bergab in einen dichten Wald. Die Hexe kann ihr nicht mehr folgen ... Die Fee rennt in Gestalt eines Hasen aus dem Wald. Sie verwandelt sich in einen Hund ... Sie greift die Hexe an und beißt sie ins Bein. Die Hexe schreit und gibt den Kampf auf. Dann geht sie nach Hause, um ihre Wunden zu heilen ... Die Fee verwandelt sich wieder zurück in ihre ursprüngliche Schönheit und geht nach Hause ... sie zieht ihr Kleid an und geht zu der Hündin und ihren Welpen, um sie zu füttern. Die Kleinen sind hungrig. Sie gibt ihnen viele köstliche Sachen. Mit ihrer Milch sind sie sehr zufrieden. Die Fee geht nach Hause und fühlt sich gut ... Jetzt beginnt die Hexe wieder zu kämpfen. Die Fee verwandelt sich in einen Hund und reißt das Kleid der Hexe in Fetzen.

Therapeut: Warum glauben Sie, daß die Hexe so böse ist?

Eve: Weil sie häßlich ist und weil sie nicht so schön sein kann wie die Fee, will sie sie zerstören ... Der Hund zerreißt noch immer das Kleid der Hexe. Diese schlägt den Hund mit ihrem Besen. Der fängt zu schreien an und verwandelt sich wieder in ein Rehkitz, das wegläuft, rennt und rennt, weil die Hexe es verfolgt.

Therapeut: Vielleicht ist die Hexe unglücklich und kann deshalb die Fee nicht leiden.

Eve: Vielleicht. Die Fee möchte der Hexe dabei helfen, nicht so böse zu sein. Sie möchte mit ihr darüber reden, aber diese lehnt es ab.

Therapeut: Worüber sprechen sie?

Eve: Die Fee bittet die Hexe darum, nicht so böse zu sein und die Hexe beginnt wieder, die Fee zu jagen. Sie fängt an zu rennen, bleibt aber mit dem Kleid an einem Ast hängen. Die Hexe ergreift ihre Hand und verdreht sie ... Au! Das tut weh, das tut weh ...! Auf einmal reißt die Fee ihre Hand los, verwandelt sich wieder in ein Rehkitz und beginnt zu rennen ... Die Fee beschließt, die Hexe umzubringen. Dazu wäre sie jedoch gar nicht imstande.

Therapeut: Sie sollte die Hexe nicht töten, wenn sie weiß, wie man ihr das Böse austreiben kann.

Eve: Ihre Kraft steckt in ihrer Nase ... Die Fee muß sich in einen starken jungen Mann verwandeln, damit sie die Eisennase der Hexe abschneiden kann. Sie verwandelt sich in einen heldenhaften jungen Mann ... der sein Schwert ergreift und es vor der Hexe hin und her schwingt. Er bedroht die Hexe ... sie sieht sehr erschrocken aus ... Schließlich gelingt es ihm, ihre Nase abzuschneiden ... Die Hexe beginnt, sich in eine nette alte Frau zu verwandeln ... eine weißhaarige und zittrige alte Frau, die niemals böse war.

Therapeut: Was wird die alte Frau tun?

Eve: Sie wird genau so gut sein, wie Fairy Helen. Sie wird Menschen und Tieren helfen.

Kommentar: Die Hexe mit der eisernen Nase scheint ein Symbol des vollkommen bösen, vertikal abgespaltenen und verdrängten Teils der Persönlichkeit Eves zu sein (Kohut, 1977). Dies steht in enger Beziehung zur zwanghaften Wiederholung des ursprünglichen Traumas (des von Eves Onkel versuchten Mordes, der ihre Großmutter wahnsinnig werden ließ), welches durch das Abschneiden der eisernen Nase der Hexe symbolisiert wird. Eine Reihe von vorhergehenden traumatischen Erlebnissen wurde symbolisch und in einem Bild verdichtet sichtbar.

Hier stimme ich vollkommen mit Daniel Merkur (1984) überein, der betont, daß die Hypnose selbst als Trauma gesehen werden kann. Ich würde hinzufügen, daß die genaue Wiederholung des ursprünglichen Traumas im hypnotischen Zustand sowohl aufgrund der Interventionen des Therapeuten wie auch durch die Äußerung der Übertragungsprozesse beim Patienten geschieht. Als konkretes Beispiel steht das Abschneiden der eisernen Nase mit hoher Wahrscheinlichkeit einerseits auf symbolische Art und Weise für vorhergehende traumatische Ereignisse und zeigt zur gleichen Zeit die traumatische Wirkung des Therapeuten auf Eve.

Es ist bemerkenswert, daß es zwischen Eves Großmutter und ihrem Sohn zu prä-ödipalen Konflikten kam, was sich ebenfalls in der Hypnose durch das Bild bemerkbar macht, in dem die eiserne Nase der Hexe abgeschnitten wird, die die phallischen Aspekte mütterlicher Übergriffe symbolisiert. Dieses ungelöste Problem wurde durch eine Art psychologischer Vererbung an Eves Persönlichkeit weitergegeben, was schwere Störungen verursachte. Helden der alten griechischen Schicksalstragödien büßten für die Sünden ihrer Vorfahren. Böse Prophezeiungen der Weltraumwesen können als fortdauernde Manifestationen eines auf der Familie lastenden Fluches gesehen werden. Fairy Helens Güte und Omnipotenz sind dazu notwendig, dieser Verwünschungen Herr zu werden.

Die böse Hexe (das Böse) wurde offensichtlich in eine gute alte Frau verwandelt. Was wird nun mit dem Bösen geschehen? Diese Frage ist sehr wichtig, weil Eve mir einige Tage nach der Hypnose erzählte, daß sie mehr und mehr ängstlich und depressiv wurde.

Während der dritten Hypnose spazierten Fairy Helen und die alte Frau durch den Wald und heilten alle verletzten Tiere.

In der vierten Vorstellung fand Eve eine der Katakomben des Schlosses. Es war dunkel darin. Sie stand in einem großen Saal voller Leute, die ein Loch in ihrem Bauch hatten, wie wenn man sie mit einem Büchsenöffner behandelt hätte. Durch dieses Loch sind ihre Seelen aus dem Leib geflogen. Trotz dieser verblüffenden Tatsache schienen sie lebendig zu sein. Fairy Helen versuchte, sie dadurch zu heilen, indem sie ihre Seelen zurück in ihre Körper zauberte. Es waren aber so viele, daß die Fee gar nicht dazu fähig war, dies bei allen zu tun. Die schrecklichen Verletzungen stammten von einem siebenköpfigen Drachen. Eve hatte einen Plan, wie sie das Monster umbringen könnte.

Die Fee gab einer blonden Schönheit den Auftrag, den Drachen mit heimlich vergiftetem Fleisch zu füttern und der Drache starb. Alle Leute waren froh, sie wurden von der Fee geheilt und die Katakomben wurden leer, weil die Leute nach Hause gingen.

In den vorhergehenden zwei Hypnosesitzungen wurden offensichtlich traumatische Erfahrungen aufgearbeitet. Mit Hilfe freier Assoziationen zu den Vorstellungssequenzen, die im Wachzustand durchgeführt werden, ließen sich, zusätzlich zu den bisher erkannten, weitere traumatische Erinnerungen aufdecken.

Eve erzählte, daß ihr Vater schwer krank wurde, als sie 14 war. Er litt an Magenkrebs und sie fürchtete ständig, daß er sterben müßte. Schließlich unterzog er sich einer Operation und wurde wieder vollkommen gesund. Von dieser Zeit an hatte sie große Angst vor einer Krebserkrankung. Sie dachte darüber nach, wie es wäre, wenn sie selbst an Krebs erkranken würde, der ihre Brust und ihre Genitalien in Mitleidenschaft zöge. Sie glaubte, daß sie es niemals zulassen dürfte, schwanger zu werden und ein Kind zu stillen, weil sie dann an Krebs erkranken würde.

Jetzt wurde sie sich darüber klar, daß sie die Stimmen der Weltraumwesen erst nach ihrer Fehlgeburt zu hören begann. Sie bekam Angst, als man sie über die Rhesus-Inkompatibilität aufklärte und hielt sich deshalb für einen schlechten Menschen. Bisher war sie nie fähig gewesen, über die Fehlgeburt zu sprechen. Es war schrecklich. Sie sah den 18 Wochen alten Fötus dessen Körperglieder bereits alle entwickelt waren und sie dachte darüber nach, ob er auch schon eine Seele hatte oder nicht.

Seitdem sie den Fötus „getötet“ hatte, hielt sie sich für eine Mörderin. Ich bemerkte, daß die Stimmen sie ebenfalls als Mörderin bezeichnet haben und erwähnte einige Gemeinsamkeiten der Krebserkrankung ihres Vaters und seiner Operation mit ihrer Angst vor Krebs und dem schlechten Ausgang ihrer Schwangerschaft (der Fehlgeburt).

Nachdem die Therapie heute beendet ist, halte ich ihre Einstellung zum weiblichen Geschlecht und zur Fortpflanzung für gefährlich und falsch. Diese kam daher, daß sie mit ihrer äußeren Erscheinung als Frau sehr unzufrieden war. Vergiftet zu werden, waren ihre unbewußten Phantasien im Zusammenhang mit Alkoholmißbrauch (sie glaubte, daß die Nachbarin ihr Gift in das Glas Bier getan hatte und ihrem Vater erzählte man, daß sein Magenkrebs durch das Trinken verursacht worden war) und mit der Rhesus-Inkompatibilität, die ihr Baby vergiftet hatte. Vielleicht betrachtete sie es auch als Bestrafung für ihr Verlangen, sich selbst zu vergiften und umzubringen, damit der böse Teil ihrer Persönlichkeit zerstört würde.

Von einem anderen Standpunkt aus gesehen könnten die verletzten Tiere in der dritten und die Menschen (deren Bäuche aufgeschnitten waren!) in der vierten Vorstellungssequenz als Symbole für die traumatischen Erfahrungen, speziell in Bezug auf genitale Traumata wie die Fehlgeburt, gesehen werden. Eves Frage, ob der Fötus wohl eine Seele hätte, zeigt einen engen Bezug zu den Bildern der vierten Vorstellung, bei der die Seelen der Leute durch das Loch in ihrem Bauch entwichen sind.

Nun verstehen wir Eves psychotische Erfahrung besser und wir erkennen die Relevanz der Weltraumwesen. Da sie keinen Körper haben, müssen sie wohl die Seelen aus dem Bauch der oben erwähnten Leute sein. Eves traumatische Erfahrung der Fehlgeburt kann als auslösendes Moment ihrer Psychose gesehen werden.

Als Eve von dieser Vorstellung sprach, erwähnte sie nicht die alte Frau. Als ich nach der Anwesenheit der Alten fragte, verneinte sie jedoch. Die alte Frau schien weiterhin Eves bösen Teil zu verkörpern und zeigte sich in dieser Vorstellung als siebenköpfiger Drache.

Welche Bewandtnis hat es nun mit dem verleugneten und verdrängten bösen Teil von Eves Persönlichkeit, der in ihre psychotische Welt projiziert wird und sich in ihren Vorstellungen äußert? Es war ihre feministische Einstellung, die, symbolisiert als Hexe oder Drachen, für sie so bedrohlich war und ihrem Es entstammte. Zu Beginn war es das Es, welches den psychotischen Besessenheitswahn hervorrief. Nach der Fehlgeburt mußte Eve jedoch von Stimmen des Über-Ich bestraft werden, die sie zum

Selbstmord trieben. In allen Vorstellungssequenzen zeigt sich ein vollkommen guter und omnipotenter Teil des Über-Ichs: Fairy Helen, die ein Gegengewicht zum bösen Teil darstellt.

Während der fünften Vorstellung entdeckte Eve 12 Türen in dem Schloß. Dies stellt eine bemerkenswerte Analogie zu der alten europäischen Sage „Blaubarts Schloß“ von Béla Balázs dar, die von Béla Bartók vertont wurde. Judy, die Heldin der Oper, öffnet der Reihe nach alle sieben Türen und erkennt nach und nach das Geheimnis des Prinzen Blaubart, nämlich seine Persönlichkeit einschließlich ihrer unbewußten Anteile. Hinter der ersten Türe befindet sich eine Folterkammer, hinter der zweiten ein Waffenarsenal, dann eine Schatzkammer, ein Steingarten, eine Stelle, von wo man das Reich des Prinzen übersehen kann, ein See für seinen Kummer und schließlich das Zimmer der alten Frau, wo Judy eingesperrt wird.

Was seine Zweifel an der Echtheit einer Altersregression und der Fähigkeit, die selben Dinge, die man als Kind erfahren hat, wiederzuerleben betrifft, stimme ich mit Nash (1988) überein. Selbst wenn es möglich wäre, Ereignisse aus vergangener Zeit so wahrheitsgetreu wie in der Realität wiederzuerleben, hätte dies nicht genügend Auswirkungen auf die momentan ablaufenden psychischen Prozesse, da dieses Wiedererleben mit seinem vielschichtigen Bedeutungsgehalt und den durch Phantasieprozesse generierten Symbolen nicht die ursprüngliche Erfahrung an sich darstellt. Tatsächlich sind jedoch durch die Phantasie produzierte Repräsentationen der Realität für den Menschen wichtiger als die Wirklichkeit selbst. Im Innern generierte Symbole und Bilder weisen auf reale Ereignisse hin, da Zeit und Raum mit den vielschichtigen Bedeutungsgehalten dieser Ereignisse fusionieren. Auf diese Weise werden die Bedeutungen traumatischer Ereignisse durch Symbole vermittelt. Aus diesem Grunde arbeite ich bei der Therapie präpsychotischer oder psychotischer Patienten lieber mit Symbolen, als daß ich vergangene Ereignisse wiedererleben oder erinnern lasse. Dies gilt insbesondere für die Hypnosetherapie. Die durch Symbole vermittelten Bedeutungen traumatischer Erlebnisse können mit Hilfe der Darbietung kulturspezifischer Bilder auf der Leinwand hypnotischer Vorstellungen entschlüsselt werden. Die Kultur heilt Menschen, wie es E. Kunt (1991) ausdrückte.

Kehren wir zurück zur fünften Hypnosesitzung. Eve bittet Fairy Helen darum, die erste Türe zu öffnen, damit sie hineingehen kann. Eve geht das Wagnis ein, für die Fee sichtbar zu werden. Dies ist der erste Schritt, den sie tun muß, um die guten sowie die bösen Teile ihrer Persönlichkeit akzeptieren zu können. Hinter der ersten Türe findet sie blutdürstige Löwen, denen sie Futter gibt. Im nächsten Zimmer sieht sie Mörder, die von Fairy Helen eingesperrt wurden. Die Grausamkeit der Fee gegenüber ihnen verblüfft Eve. Sie will den Mördern helfen, weiß aber nicht, wie.

Als sie das zweite Zimmer verlassen, ist Eve ganz entzückt über die Möbel im Schloß. Ganz besonders hat es ihr ein bestimmter Stuhl angetan. Sie bittet Fairy Helen darum, ihr diesen Stuhl zu schenken. Diese lehnt es jedoch ab, da es sich um einen Zauberstuhl handelt. Die Fee gebraucht ihn dazu, böse zu guten Leuten zu machen. Nun schlage ich vor, daß Fairy Helen es erlauben sollte, daß der Stuhl ausprobiert wird. (Ich denke an die Möglichkeit, die Mörder aus dem zweiten Zimmer zu besseren Menschen zu machen.) Stattdessen fragt Eve die Fee, ob sie sich selber auf den Zauberstuhl setzen darf. Hier zeigt sich ein weiterer Beitrag zur gemeinsamen projektiven Identifizierung, die für die hypnotische Kommunikation mit Psychotikern charakteristisch ist. Zu ihrer freudigen Überraschung kann Eve fliegen, nachdem sie auf dem Zauberstuhl gesessen hat. Fröhlich fliegt sie durch die herrliche Umgebung des Schlosses. Nachdem sie wieder zurückgekehrt ist, beklagt sie sich über ihre Müdigkeit und ich vergaß, ihr am Ende dieser Vorstellungssequenz explizit deutlich zu machen, daß sie nicht mehr fliegen könne.

Im Verlaufe der nächsten Unterhaltung im Wachzustand erzählte sie mir, daß sie am vorhergehenden Wochenende mit ihrem Mann einen Fahrradausflug unternommen hatte und in einer Kurve „vom Fahrrad geflogen ist“, wobei sie sich üble Gesichtsverletzungen zugezogen hat. Außerdem berichtete sie von ihren Träumen, in denen Weltraumwesen sie dazu zwingen, sich selbst zu verletzen oder sie damit bedrohen, daß ihr Kopf von einer Maschine abgetastet wird, wenn sie nicht erschossen wird.

Ich versuchte, dies zu interpretieren. In ihrer Phantasie lernte sie das Fliegen und mußte es in der Realität ausprobieren. Auf diese Weise bewahrheitete sich meine Prophezeiung und nicht die der Weltraumwesen. Sie lachte über meine Interpretation und konnte fast nicht mehr aufhören.

Hier könnte es sich um einen Wendepunkt in Eves Therapie handeln, obwohl der Fahrradunfall sehr viel Ähnlichkeit mit einem versteckten Selbstmordversuch aufweist. Zunächst, als sie auf dem Zauberstuhl saß, identifizierte sie sich mit dem bösen Teil ihrer Persönlichkeit. Zusätzlich war der Zauberstuhl ein Symbol für die hypnotische Beziehung (d.h. für den echten Stuhl, auf dem sie in meinem Zimmer sitzt). Es war das erste

Zeichen für die Herstellung einer positiven Übertragung: Mit Hilfe der magischen Kräfte des Therapeuten konnte sie fliegen. Diese Suggestion ersetzte die üblen Prophezeiungen der Weltraumwesen.

Zwei Wochen später fuhren wir mit der Hypnosetherapie fort. In der sechsten Vorstellung geht Eve durch die dritte Türe und findet dort viele schöne Kleidungsstücke und Schmuck. Sie wundert sich darüber, daß Fairy Helen ihr etwas davon schenkt, weil sie glaubt, es nicht verdient zu haben. Sie zieht ein hübsches Kleid an und schmückt sich mit einem Perlencollier und als sie in den Spiegel schaut, findet sie sich schöner als zuvor. Jetzt öffnet sie die Türe des vierten Zimmers und sie erblickt zwei blutdürstige Hunde, die einen Brunnen bewachen. Eve erkennt, daß sich in dem Brunnen das Wasser des Lebens befindet, das den Feen die Unsterblichkeit verleiht, wenn sie davon trinken. Sie darf nichts davon nehmen. Ich schlage ihr vor, daß sie sich mit dem Wasser die Hände und das Gesicht waschen sollte, um ein langes und glückliches Leben zu erwerben. Schließlich nimmt sie ein Bad darin und zieht ihr neues Kleid und die Schuhe an.

Während des darauffolgenden Gespräches im Wachzustand fühlte sie sich besser und so, als ob ein Druck von ihrer Brust weggenommen worden wäre. Zum ersten Mal schenkt sie mir einen freundlichen Blick.

Es ist bemerkenswert, daß sie während der siebten Hypnosesitzung die Thematik des Märchenlandes vermied und sich mit angenehmen Phantasien und Erinnerungen befaßte. Ein Mann mit Strohhut fährt sie mit dem Fahrrad (!) durch die Landschaft, in der sie schon zuvor einen Ausflug unternommen hatte. Es ist ein heißer Sommermittag und sie trägt einen Badeanzug, der manchmal etwas herunter rutscht. Der Mann kauft ihr ein Eis.

In der achten Vorstellungssequenz erscheint wieder das Feenschloß. Ich schlage ihr vor, daß sie versuchen sollte, wieder ähnliche Dinge zu erleben, wie sie es in den Halluzinationen während ihrer psychotischen Episode tat. Als sie dann durch die fünfte Türe geht, findet sie einen angeketteten Riesen. Fairy Helen hat ihn für seine aggressiven Taten bestraft, denn er hat Dörfer und Städte zerstört. Eve bittet die Fee darum, ihn gehen zu lassen und das Zimmer wird leer. Im nächsten Zimmer sieht Eve eine Menge Zwerge, die die Leute zwicken und ärgern. Manche von ihnen, die „Weltraumzwerge“, prophezeien üble Dinge. Fairy Helen setzt sie auf den Zauberstuhl, damit sie sich bessern und sie werden bemerkenswert ruhig. Dieses Zimmer wird auch leer. In diesem Moment erscheint der Mann mit dem Strohhut, der gerade einen Anzug trägt. Er ist Fairy Helens Diener. Sie beginnen damit, die beiden leeren Zimmer für die Fee und die alte Frau einzurichten. Eve sagt, daß der Mann in ihrem Himmelbett schlafen wird.

Die nächste Hypnosesitzung begann mit einem mythischen Bild. Hinter der siebten Türe findet Eve ein geflügeltes Pferd. Pegasus ist ein weiterer Diener von Fairy Helen, der all ihre Wünsche erfüllt. Eve schließt Freundschaft mit Pegasus, der mit ihr einen Flug unternimmt, wobei sie auf seinem Rücken sitzt. Sie fliegen über wunderschöne Landschaften und landen schließlich auf dem Gipfel eines hohen Berges, um die Aussicht zu genießen. Auf dem Weg zurück führt Pegasus Eve in ein Tal, wo Himbeersträucher und Obstbäume stehen, und der Mann mit dem Strohhut kommt, um Eve dabei zu helfen, ins Schloß zurückzukehren.

Zusammenfassend kann von den letzten vier Hypnosesitzungen gesagt werden, daß sich nach und nach eine positive Übertragung entwickelt hat. Dies geschah durch das Bild des Zauberstuhls, Eves Fähigkeit, zu fliegen, die schönen Kleider und den Schmuck, den sie geschenkt bekam, das Bad im Brunnen mit dem Wasser des Lebens, durch den Flug mit Pegasus und schließlich durch die Repräsentation des Therapeuten als Mann mit dem Strohhut. Es ist sehr wichtig, daß sich auch Eves sexuelle Wünsche in den Symbolen der hypnotischen Vorstellungssequenzen zeigen und nicht nur aggressive und angstbeladene Motive. Überdies kam es auch in den „Wachphasen" der therapeutischen Beziehung zu positiver Übertragung, was sich in dem freundlichen Blick äußerte, den die Patientin mir schenkte.

Die geschilderte Zeitperiode war wohl die wichtigste und dramatischste im Verlaufe der gesamten Therapie. Ich glaube, daß sich Eves ödipaler Konflikt auf archaische Art und Weise gezeigt hat, da sie als kleines Kind durch die aggressiven Ereignisse innerhalb der Familie traumatisiert wurde. Nun spricht sie zum ersten Mal darüber, daß ihr Vater wegen einer anderen Frau die Familie verlassen hat, als sie 18 Jahre alt war. Sie fühlte sich hoffnungslos und war der Meinung, die Liebe ihres Vaters nicht verdient zu haben. Später, als sie 20 war, erwischte sie ihren Bräutigam „in flagranti" mit einem anderen Mädchen, das eigentlich ihre beste Freundin war.Die Verdrängung ihrer sexuellen Wünsche scheint unvollständig zu sein und die Überbleibsel wurden in autoaggressive Impulse transformiert, was man ihren Träumen entnehmen kann. Sie träumt von mir und daß ich in dem Anzug des Mannes mit dem Strohhut erscheine. Nachdem sie aufgewacht ist, beschäftigt sie sich jedoch den ganzen Tag über mit dem Gedanken, sich umzubringen.

Zu dieser Zeit konnte ich die starken Übertragungsphänomene noch nicht genau einordnen und dachte zum Teil an einen Kampf zwischen den guten und den bösen Teilen ihres Ichs, zum anderen begann ich, die Hoffnung aufzugeben, daß sie vollständig geheilt werden könnte. Es war meine Gegenübertragungsreaktion, in der ich mich projektiv mit ihren üblen Prophezeiungen identifizierte. Es geschah auch auf einer konkreten Kommunikationsebene, daß ich ihr eine Elektroschock-Behandlung vorschlug, was meine Identifizierung mit ihrer prädiktiven Projektion darstellte, daß ihr Kopf von einer Maschine abgetastet würde, sofern man sie nicht erschießt.

Unglücklicherweise nahmen wir um die Weihnachtszeit herum beide Urlaub. Ich war mir fast sicher, daß sie Selbstmord begehen würde und deshalb begann ich einen Tag früher als geplant zu arbeiten und arrangierte alles so, daß ich Dienst hatte. Alles geschah, wie ich es vorausgesehen hatte: Gegen 18.00 Uhr wurde sie von der Ambulanz mit einer Vergiftung durch von ihr eingenommene Arzneimittel und Chemikalien in die Klinik gebracht. Wir trafen uns auf dem gemeinsamen Flur der beiden Stationen. Zum Glück war die Vergiftung nicht sehr schwer und sie wurde bald in die psychiatrische Abteilung überwiesen.

Am darauffolgenden Morgen wurde sie durch einen Elektroschock behandelt. Eine Woche später berichtete sie, warum sie den Selbstmordversuch begangen hatte. Ihr Ehemann war darum gebeten worden, in einer anderen Stadt zu arbeiten und er hatte sich dazu entschlossen, fortzugehen und sie alleine zu lassen. Der zweite Grund war ihre Angst vor der Elektrokrampftherapie (EKT).

Ihr impulsiver Selbstmordversuch weist Parallelen zu primitiven Übertragungsreaktionen von Borderline-Patienten auf, wie z.B. zu der selbstzerstörerischen „Verlassenheitsdepression" (Masterson, 1975).

Während der zehnten Hypnosesitzung ging Eve durch die achte Türe und gelangte in eine Tropfsteinhöhle. Sie fürchtete sich, blieb aber tapfer.

In der nächsten Vorstellung bewegte ich sie dazu, zu der Höhle zurückzukehren, um einen neuen Weg zu finden. Sie fand einen Mann, der im Innern der Höhle allein und ohne Publikum auf einer Orgel spielte und überredete ihn dazu, das Instrument in eine andere Höhle zu bringen, die voller Menschen war, die die Musik faszinierte.

Ein einsamer Orgelspieler (beachte auch die Gemeinsamkeiten zwischen dem Wort „Orgel", engl. „organ", mit „Organismus" und sogar „Orgasmus") in einer Tropfsteinhöhle – nie zuvor begegnete ich einem so ausdrucksvollen Symbol im Zusammenhang mit der hypnotischen Beziehung.

In der Zwischenzeit starb ihre Schwiegermutter. Zuvor hatte sie starke Schmerzen in der Bauchgegend, wie sie es vorhergesagt hatte.

Damit der Therapeut in Gegenwart des Publikums auf der Orgel spielen konnte, bat ich meinen Kollegen darum, die zwölfte Hypnosesitzung auf Videoband aufzunehmen, wobei ich mir der Bedeutung dieses Symbols nicht bewußt war. Ich brauche nicht zu erwähnen, daß die Aufzeichnung aufgrund der Tücken der Technik teilweise mißlang. Nach der Induktion der Hypnose sagte ich der Patientin, daß sie nun den Teil ihres Selbst treffen würde, den sie bisher noch nicht gekannt hat. Sie geht durch die neunte Tür und sieht die selbe Höhle, aber gelangt durch einen anderen Ausgang wieder ins Freie. Sie erklimmt den Gipfel eines sehr hohen Berges, wo Fairy Helen auf sie wartet. Die Fee schimpft mit ihr, weil sie sich vor allem und jedem fürchtet. Sie meint, daß der Grund für Eves Furcht ein schlechtes Gewissen sein könnte. Ich schlage vor, daß sie sich ihr Gewissen als ein schmutziges Blatt Papier vorstellen sollte, welches sie mit Schnee reinigen kann. Sie versucht es, das Papier ist jedoch zu dreckig. Erst nach einer Weile hat sie Erfolg.

Plötzlich kam es zu einem unerwarteten Zwischenfall. Eves Schwester wurde in die psychiatrische Abteilung eingewiesen, weil sie glaubte, vom Teufel besessen zu sein. Eve erschrak sehr darüber, tat jedoch ihr Bestes, um ihre Schwester zu versorgen, da sie sich beide auf der gleichen Station befanden.

Eve erzählte mir von einem Traum, in dem sie meine Jacke gestohlen hatte und ich aus lauter Ärger eine Zigarette geraucht habe. Die Patientin weiß, daß ich Rauchen hasse, sie jedoch raucht gerne. Nun erkannte ich, daß ihre positive Übertragung trotz meiner negativen Gegenübertragungsreaktion (der EKT) aufrechterhalten wurde.

Nun war es notwendig, daß ich begann, gegen den besessenen Teil von Eves Ich zu kämpfen. Die Gespräche vor und nach der Hypnose sowie die dreizehnte Hypnosesitzung sind im Originaldialog mit eingestreuten Kommentaren festgehalten:

Therapeut: Was ist mit den Angstgefühlen?

Eve: Nun, sie existieren noch. Ich glaube ständig, daß man mich töten wird. Eine der Kreaturen behauptet das. Da waren verschiedene Wesen, gute und böse. Sie drängelten und schubsten sich: „Jetzt darfst Du sprechen:" „Aber jetzt nicht!" „Glaub' ihm nicht, er ist böse, glaube mir." Es ist schrecklich! Seit dieser Zeit habe ich mein psychisches Gleichgewicht verloren, und vielleicht werde ich nie wieder ein ausgeglichenes Leben führen können. Diese üblen Prophezeiungen kommen mir immer wieder ins Gedächtnis, weil sie sich bewahrheitet haben.

Therapeut: Wie glauben Sie, daß Ihnen ein Außenseiter wie ich helfen kann?

Kommentar: Das ist die eigentliche Frage. Was kann ich wirklich für sie tun?

Eve: Wenn Sie mir gestatten, Ihnen davon zu erzählen, bin ich erleichtert. Sie müssen wissen, daß ich mit meinen Nachbarn oder anderen Leuten nicht darüber sprechen kann, weil es sonst heißen würde, ich sei abnormal. Es kann nicht normal sein, wenn man solche Halluzinationen hat wie ich.

Therapeut: Sie müssen wissen, daß ich oft darüber nachgedacht habe, was ich getan hätte, wenn mir solche Kreaturen begegnet wären oder begegnen würden.

Kommentar: Dies ist mein erster Schritt, um in eine tiefe gemeinsame empathische Trance zu gehen.

Eve: Im nachhinein denke ich, daß ich ihnen einige Fragen hätte stellen sollen. Stattdessen habe ich mich schrecklich gefürchtet, weil der Tod vor mir erschienen ist. Sie sagten, daß sie alles sehen könnten, aber selbst unsichtbar wären. Nur für Alkoholiker, Drogenkonsumenten und Psychotiker sind sie sichtbar. Ich konnte sie auch sehen. Einer von ihnen schien ein gewöhnlicher Teufel zu sein, der oberhalb von mir stand und ein Strick in seinen Händen hielt. Er zeigte mir den Strick und signalisierte mir so mein schicksalhaftes Ende durch Erhängen oder Selbstmord. Er sagte auch, daß ich mehrmals versuchen würde, mich zu vergiften. Das geschah ja auch schon vier Mal. Wie kann ich nur gegen das ankämpfen, was sie sagen? Es ist alles umsonst. Ich tue immer, was sie sagen. Ich weiß wirklich nicht, ob ich es mir nur einbilde oder ob sie wirklich dieses Wissen haben, vorauszusehen, was ich tun werde. Ich frage mich, ob diese Kreaturen existieren oder nicht. Ich kann nicht für normal gehalten werden, weil Sie sagen, daß es solche Dinge wie Weltraumwesen nicht gibt. Wenn sie wirklich existieren, warum sehen sie dann andere Leute nicht auch? Warum nur Trinker, Rauschgiftsüchtige und Psychotiker?

Therapeut: Das ist sehr interessant. Wenn jeder sie sehen könnte, würden die Leute wahrscheinlich sehr verschieden auf sie reagieren.

Eve: Das glaube ich auch.

Therapeut (nach langer Pause und zögernd): Ich habe eine Idee, was würde eigentlich passieren ... wenn ich diese Kreaturen einmal treffen würde ... könnten Sie sich das vorstellen? Was halten Sie davon?

Eve (zu meiner Überraschung beginnt sie zu lachen): Warum nicht, wenn Sie keine Angst vor Toten haben!?

Therapeut (ebenfalls lachend): Ich glaube nicht.

Kommentar: Etwas Phantastisches ist geschehen: sie ist nun entspannt und ihre Angst ist verschwunden.

Eve: Ich glaube, dann sollten Sie es wagen, sie zu fragen, wer sie sind und warum sie sich verstecken, wenn sie doch existieren.

Therapeut: Ja.

Eve: Und warum kann sie ein normaler Mensch nicht sehen? Ich denke, Sie sollten sie diese Dinge fragen.

Therapeut: Was glauben Sie, werden sie antworten?

Eve: Ich habe keine Ahnung.

Therapeut: Was würde geschehen, wenn wir beide sie treffen würden? Sie könnten sich vorstellen, daß ich da bin, und dann würden diese Kreaturen kommen ... und irgendwas passiert auf jeden Fall. Außerdem kann man sich das recht einfach vorstellen.

Eve (mit einem verwunderten Lächeln): Wirklich?!

Kommentar: Wenn ich mir das Videoband anschaue, erinnert mich diese Situation an eine Brautwerbung und es sieht fast so aus, als ob ich sie verführen wollte.

Therapeut (lachend, einen selbstbewußten Eindruck erweckend): Und ich hoffe, wir werden es überleben und nachher in diesem Zimmer sitzen und alles mit Humor betrachten. Es kann ein spannendes Abenteuer werden.

Eve (auch lachend): Ja wirklich. Wir könnten uns vorstellen, daß wir beide sie zusammen treffen. Ich habe sie nie zuvor in der Hypnose getroffen … Sollen wir es probieren?

Kommentar: Ihre Stimme ist voll überraschter Erregung. Anscheinend übernimmt sie nun die Führungsposition und drängt auf den Beginn dieser „Magical Mystery Tour".

Therapeut: Versuchen wir es! Es wird schon nichts schiefgehen.

Eve: Nun … ich hoffe. (Sie lacht.) Können wir also beginnen?

Therapeut: Gut. Fangen wir an.

Kommentar: Es folgt eine Hypnoseinduktion und eine Vertiefung der Trance durch Armlevitation.

Therapeut: Schauen Sie auf den Punkt auf Ihrer Hand und Sie werden bald spüren, wie Sie um vieles leichter in die hypnotische Trance gehen als zuvor. Es wird sehr einfach sein. Nichts belastet Sie, es wird genau so sein, als ob Sie spielen würden. Wie ein interessantes, aufregendes Spiel. Wie wenn ein Kind spielt und aufregende, abenteuerliche und gefährliche Situationen in seiner Phantasie ausprobiert. Je leichter und müheloser man die Abenteuer erlebt, desto angenehmer empfindet man es, … wie ein spielendes Kind … Sie werden mehr und mehr entspannt und es wird zunehmend leichter, die Aufmerksamkeit auf das zu richten, was ich Ihnen jetzt sage … und auf Ihre Gedanken …

Kommentar: Ihre Hand nähert sich ihrem Gesicht.

Therapeut: Gut. Ihr Arm findet wie automatisch die Lehne Ihres Sessels. Lassen Sie sich vollkommen entspannen und lassen Sie den Alltag hinter sich zurück … bleiben Sie ganz entspannt … In der Zwischenzeit bin ich auch entspannt. Auch ich gleite hinüber in eine andere Welt, die Welt der Hypnose. Und ich lasse die selben Bilder lebendig werden, die Sie sehen. Teils bin ich wach, teils in Ihrer Phantasiewelt. Ich werde mich in der Realität verankern und mich zur Hälfte Ihren Phantasien hingeben. Bald werden wir das Schloß sehen, und die Helden. Dies ist also Ihr Schloß mit den wunderschönen Zimmern und Kristallen, mit Fairy Helen und der alten Frau, dem Mann mit dem Strohhut und den anderen ... Erzählen Sie mir, ob Sie jetzt das Schloß und mich in Ihrer Vorstellung sehen können. Wie sieht es aus?

Kommentar: Ich probiere die Doppeltrance-Technik aus, um eine Tandemhypnose herzustellen.

Eve: Jetzt betreten wir einen Garten, einen Garten voller Tulpen. Wir spazieren zwischen Blumen, Sie und ich.

Kommentar: Fairy Helen und die anderen sind nicht in der Nähe. Eve und ich sind allein. Das Schloß, meine Idee, sieht sie auch nicht. Dies ist der Höhepunkt ihrer durch Symbole ausgedrückten positiven Übertragung. In der ungarischen Folklore ist die Tulpe das Symbol für die sexuelle Beziehung.

Therapeut: Es gibt dort viele, schöne Tulpen.

Eve: Wunderschöne Tulpen! Gelb und rot. Sie sind so schön.

Therapeut: Ja, ich kann sie sehen.

Eve: Sogar Rosen und alle Arten von hübschen kleinen Blumen. Sie sind sehr schön.

Therapeut: Wer könnte wohl der Gärtner sein?

Eve: Vielleicht Fairy Helen. Was für ein herrlicher Garten das ist. Ein schöner, großer, weitläufiger Garten. Und Blumen überall ... in dem Garten gibt es eine stille Ecke ...

Therapeut: Tatsächlich? Wir sollten sie uns anschauen. Was kann dort versteckt sein?

Eve: Ich fürchte mich, dort hinzugehen. Sie drängen mich dazu, mit Ihnen zu gehen. (Sie zittert.)

Therapeut: Gehen wir zusammen. Sie sollten keine Angst haben.

Eve (verzieht das Gesicht und schüttelt den Kopf)

Therapeut (Eves non-verbale Signale erkennend): Was haben Sie gesehen?

Eve (mit weinerlicher Stimme): Einen Teufel.

Therapeut (antwortet sofort mit warmer Stimme): Sehr gut! Schauen wir uns mal diesen Teufel an. Sein Körper ist mit struppigen rötlichen Haaren bedeckt. So schaut er aus. Er hat Hufeisen und streckt seine große und rote …

Therapeut und Eve (gleichzeitig): Zunge heraus.

Eve (ängstlich): Genau!

Therapeut: Mir kommt er lustig vor.

Eve: Ich habe aber Angst vor ihm.

Therapeut: Man sollte etwas tun, damit er freundlicher wird. Was sollen wir mit ihm machen.

Eve: Ich weiß nicht. Man sollte ihm etwas geben, damit er uns nichts antut.

Therapeut: Gut, was sollen wir ihm denn geben?

Eve: Ich werde Blumen pflücken gehen.

Therapeut: Gute Idee. Ich werde Ihnen helfen.

Eve: Ich habe meinen Finger an einem Dorn verletzt.

Therapeut: Das macht nichts. Sowas passiert schnell. Ich glaube, diese Blume hat Zauberkräfte. Mit ihr kann der Teufel irgendwie beeinflußt werden.

Eve: Sicher, denn Fairy Helens Garten hat Zauberkräfte.

Therapeut: Ja. Also …

Eve (unterbricht den Therapeuten): Sollen wir ihm die Blumen geben?

Therapeut: Ja. Und dann schauen wir, was geschieht.

Eve (mit kindlicher Stimme): Geben Sie sie ihm, bitte, ich traue mich nicht.

Therapeut: Gut. Komm mal her! Streck' Deine Hand aus, Deine große, zottelige Pfote! Hier! … Er hat sie genommen … Und was sehen Sie jetzt?

Eve (verwundert und freudig): Er lächelt. Sowas habe ich noch nie gesehen.

Therapeut: Sein Gesicht wird langsam ein wenig menschlicher.

Eve: Tatsächlich. Er hat seine Zunge zurückgezogen.

Therapeut: Und er sieht nicht mehr so grotesk aus.

Eve: Ja, wirklich.

Therapeut (verblüfft): Nanu! Als ob er jemandem ähnlich sehen würde.

Eve (erstaunt): Wirklich.

Therapeut: Sieht er bekannt aus?

Eve: Ja.

Therapeut: Wer ist es?

Eve (nach kurzer Zeit): Einer meiner Onkel.

Therapeut: Ja. Genau. Und nun versuchen Sie sich daran zu erinnern, wann sich dieser Onkel gegenüber Ihnen so verhalten hat, als wäre er der Teufel. Wir können beide zu dieser Zeit und zu diesem Ereignis zurückgehen. Sie können sich ohne Mühe daran erinnern. Die Erinnerung kommt fast wie von selbst.

Eve: Er hat mir nie wehgetan ...

Therapeut (zur selben Zeit): Aber der Teufel ...

Eve: ... sieht ihm immer noch ähnlich ... Warum bloß?

Kommentar: In der Zwischenzeit hat mein geschätzter Kollege Ferenc Túry (M.D., Ph.D.), der die Videoaufzeichnung durchführte, die Kamera auf das Mikrophon in meiner Hand gerichtet, welches in symbolischer Art und Weise das von Eve in ihrer Jugend erlittene sexuelle Trauma repräsentiert.

Therapeut: Lassen Sie sich durch ihre Gefühle, Ihre Angst vor ihm zu der Zeit Ihres Lebens zurückbringen, als Sie ihn als Teufel betrachteten.

Eve: Er streckt seine Zunge heraus. Er sieht so häßlich aus!

Therapeut: Ja. Aber wir haben schon gelernt, etwas gegen diese teuflische Eigenschaft zu tun ... Vielleicht ist zu der Zeit gewesen, als Sie ein kleines Mädchen waren. Es könnte eine unbedeutende Sache gewesen sein, die jemand anderem passierte, und Sie waren Zeuge des Vorgangs. Lassen Sie ein Bild in Ihrer Phantasie entstehen.

Eve (nach langer Zeit): Mein Onkel ist Alkoholiker und das muß der Grund dafür sein, daß ich ihn als Teufel sehe.

Therapeut: Ja. Erinnern Sie sich daran, als er sich so verhielt.

Eve: Er konnte einem dann so stark die Hand drücken, daß sich die Finger darauf abbildeten, obwohl er nur ein dünner und magerer Mann war.

Therapeut: War das so, wenn er Alkohol getrunken hatte?

Eve: Ja.

Therapeut: Stellen Sie es sich bitte so vor, als ob es gerade im Moment geschähe. Dann haben Sie die Möglichkeit, ihn wegzuschicken.

Eve (ärgerlich): Geh mir aus den Augen! Ich will ihn nicht anschauen, wenn er so ekelhaft aussieht! Er ist so häßlich!

Therapeut: Wie sieht er jetzt aus?

Eve: Seine Zunge hängt wieder aus seinem Mund heraus, seine Hörner sind spitz, seine Ohren sehen aus, als ob sie gewachsen wären (sie zittert) oder länger geworden sind.

Therapeut: Sie wurden durch das Trinken so verformt.

Eve: Ja, sicher.

Therapeut: Er sieht aus wie ein Betrunkener.

Eve (erstaunt): Tatsächlich.

Therapeut: Nun, Sie können ihm das Trinken abgewöhnen.

Eve (mit kindlicher Stimme): Was könnte ich wohl tun? Mit den Zauberblumen ...?

Therapeut: Ja, das war eine wirksame Medizin. Wir können es nochmal ausprobieren. Sie könnten ihm ein Getränk als Ersatz für den Alkohol geben. Woher glauben Sie, daß wir es kriegen könnten?

Eve: Wenn wir es aus den Rosenblättern pressen würden.

Therapeut: Sehr gut.

Eve: Wie Rosenöl ... Wie gut das riecht! ... Riechen Sie es nicht?

Kommentar: Offensichtlich werden die verdrängten sexuellen Wünsche gegenüber ihrem Onkel durch die Person des Teufels repräsentiert. Jetzt übermittelt sie ihm diese Wünsche auf symbolische Art in Form des Rosenöls. Überdies bin ich auch in diese Symbolik verwickelt, indem ich den Teufel darstelle, der ebenfalls dieses Geschenk überreicht bekommt.

Therapeut: Ja, ich rieche es. Und ich kann mir schon vorstellen, wie die Seele und der Körper Ihres Onkels geheilt werden.

Eve: Ich frage ihn, ob ich es in seinem Gesicht verreiben kann.

Therapeut: Gut.

Eve: Er hat es mir erlaubt. Ich verreibe es in seinem Gesicht. Helfen Sie mir bitte!

Therapeut: Gut, ich helfe Ihnen. Es wird ihn freuen, wieder besser auszusehen.

Eve (auf einmal sieht ihr Gesicht sehr schön aus und sie zeigt ein Lächeln wie das der Mona Lisa): Hmmm ... Diese struppigen Haare verschwinden. Seine Zunge wird kürzer.

Therapeut: Auch seine Hörner ...

Eve: Ja, tatsächlich, auch seine Hörner.

Therapeut: Er wird ein anderer Mensch. Er wird nie wieder ein Teufel sein ... Glauben Sie nicht, daß er der oberste aller Teufel war?

Eve: Vielleicht.

Therapeut: Luzifer?

Eve: Ja, wirklich, Luzifer.

Therapeut: Fragen Sie ihn, wo die anderen Teufel sind.

Eve (mit viel tieferer Stimme, die unbewußt die Hölle symbolisiert): Er sagt, daß sie in der Hölle sind und er gerade auch daher gekommen ist.

Therapeut: Gut. Ich glaube, er gehört nun zu uns und ist ab jetzt auf unserer Seite. Was glauben Sie?

Eve: Sie haben recht. Ich glaube, daß er nicht wieder zum Teufel wird, weil das Öl sein teuflisches Aussehen hat verschwinden lassen. Er ist ein Mensch geworden!

Therapeut: Ja. Jetzt muß er seinen eigenen Kampf gegen die anderen Teufel führen.

Eve: Ja.

Therapeut: Das ist nicht unsere Sache. Wir konnten Freundschaft mit ihm schließen. Ich frage mich, welche Rolle er in diesem Schloß spielen könnte.

Eve: Ich glaube er könnte Wache oder Gärtner in diesem schönen Garten werden.

Therapeut: Gärtner. Sehr gut. Blumen haben ihm ja auch geholfen.

Eve: Zwischen den schönen Blumen kann er gut arbeiten.

Therapeut: Dann geben Sie ihm eine Hacke und einen Rechen. Das wild wachsende Gras muß gerecht werden.

Eve: Gut.

Therapeut: Sehr schön. Dann sagen wir Ihrem Onkel und den Teufeln für immer Lebewohl. Sie werden sie nie wieder treffen. Sie sind sie losgeworden und sie werden Ihnen nie wieder üble Prophezeiungen machen. Sie sehen, daß ihre eigenen Gefühle gegenüber ihrem Onkel zu Teufeln wurden, als Sie krank waren. Sie haben sich einer Menge negativer Gefühle entledigt. Jetzt kehren wir zurück zur Realität in diesem Zimmer und wachen auf.

Eve (öffnet ihre Augen).

Therapeut: Wie fühlen Sie sich.

Eve: Danke, recht gut ... Dieser Teufel wirkte so bedrohlich ... Am Schluß wurde alles gut. Er war wirklich so häßlich, seine große Zunge hing ihm bis zum Bauch heraus, über seine struppigen Klauen und die Hufeisen möchte ich gar nicht sprechen oder daran denken. Und wie er freundlich wurde, es ist interessant. (Jetzt schenkt sie mir ein freundliches Lächeln.) Wird dieser Gedanke in meinem Kopf auf ähnliche Weise freundlich werden, wenn ich mich damit beschäftige?

Therapeut: Was glauben Sie?

Eve: Ja. Es muß sich einmal bessern, denn meine Furcht kann nicht für immer aufrechterhalten werden.

Therapeut: So wie es aussieht, wird das geschehen.

Eve: Das wäre schön.

Therapeut: Aber es ist wirklich ein langer Kampf.

Eve: Ja.

Therapeut: Es ist interessant, daß Sie nichts über Fairy Helen gesagt haben, und ich konnte sie in der Vorstellung auch nicht sehen.

Eve: Ich sah nur den Teufel und die Blumen.

Therapeut: Konnten Sie mich sehen?

Eve: Ja.

Therapeut: In diesem weißen Kittel?

Eve: Nein, ohne den weißen Kittel, mit einem Schlips. (Sie lächelt.)

Therapeut (lachend): Mit einem Schlips, einem Schlips gegen den Exorzismus. (Ein offensichtlicher Versprecher.)

Eve: Wenn ich von Ihnen träume, sehe ich Sie mit einem Schlips. Ich kann mir nicht vorstellen, was der Schlips bedeuten soll.

Therapeut: Sie sagten mir, daß Sie sich gut angezogene Männer mit einem Schlips vorstellen konnten.

Eve: Das kann sein.

Therapeut: Wir können die Sitzung nun beenden.

Eve: Gut. Vielen Dank.

Kommentar: Es ist wichtig, daß ein Durcharbeiten der sexuellen Probleme auch während der Konversation im Wachzustand fortgesetzt wird, was zum Beispiel dadurch geschieht, daß wir über meinen Schlips reden.

Im Bereich der sexuellen Symbolik lassen sich interessante Parallelen finden: das Mikrophon (real) – die Tulpen und Rosen (in der Vorstellung) und mein Schlips (real sowie auch geträumt) – die Zunge des Teufels (in der Vorstellung). Es scheint so, als ob eine Symboltransformation auf die Weise geschah, daß zuvor bedrohliche Symbole freundlicher wurden.

Es kam auch zu einer anderen Art der Symboltransformation. Die von Grund auf guten Symbole, wie Fairy Helen und das Märchenschloß, wurden in den Tulpengarten und die Blumen verwandelt, die von Grund auf bösen Symbole, wie die blutdürstigen Tiere und die Mörder, jedoch in den Teufel. Als der Teufel schließlich in den Gärtner verwandelt wird, verlieren sämtliche Symbole ihre irrealen Eigenschaften. Wir sind wieder in der Realität. Es gab keinen Anlaß dafür, das Symbol der von Grund auf guten Fee beizubehalten, als der vollkommen böse Teufel verschwunden war. Die vertikale sowie die horizontale Spaltung von Eve war aufgehoben und die psychotischen Inhalte wurden verdrängt. Im Verlauf weniger Wochen wurde sie allmählich symptomfrei. Ihre Angst und ihre zwanghaften Selbstmordgedanken verschwanden. Schließlich fand eine letzte Hypnosesitzung statt, während der sich alle (toten und lebendigen) Familienmitglieder in dem Tulpengarten trafen und Eve sich mit ihrer psychotischen Großmutter unterhielt, die sie so sehr fürchtete. Nach diesem Gespräch fühlte sie sich erleichtert und bereitete ein Festessen, welches sie gemeinsam mit der ganzen Familie verspeiste.

Zusammenfassung und Schlußfolgerungen

Im Rahmen der Hypnosetherapie bei der Behandlung schwerer psychischer Störungen wurden verschiedene Theorien entwickelt, um psychotische Prozesse sowie Behandlungsweisen, die sich hypnotischer Techniken bedienen, zu verstehen oder zu erklären. Hier sind vor allem die Theorie der affektiven Entwicklung (Brown, 1985) und die der Objektbeziehungen (Baker, 1981; Fromm, 1984) von Bedeutung.

Gemäß der Theorie der affektiven Entwicklung zeigt sich bei Patienten mit schweren psychischen Störungen ein primärer Defizit bei der Wahrnehmung körperlicher Veränderungen im Zusammenhang mit echten affektiven Erfahrungen und bei dem hieraus resultierenden subjektiven Gefühl der Lebendigkeit. Von diesem Standpunkt her gesehen, verfolgt die Hypnosetherapie das Ziel, die Fähigkeit zum Ausdruck der Gefühle zu verbessern und die Entwicklung des affektiven Empfindens zu fördern. Aus diesem Grunde werden dem Patienten Suggestionen gegeben, die bewirken sollen, daß der Patient körperliche Veränderungen wahrnimmt und sie in die affektiven und kognitiven Prozesse integriert. Hier wird die Hypnose als eine Technik betrachtet, die zusätzlich zu anderen Psychotherapieformen angewandt wird und Ähnlichkeiten mit einer Art erweitertem, auch organische Prozesse kontrollierendem autogenen Training aufweist.

Hypnosetherapie im Rahmen der Objektbeziehungstheorie stellt die innere Objektrepräsentanz des Patienten, die es zu reintegrieren gilt, in den Mittelpunkt. In der Hypnose wird der Patient mit dem Bild des Therapeuten und seiner Beziehung zu ihm konfrontiert.

Ein weiterer theoretischer Ansatz stammt von Murray-Jobsis (1985, 1988) und Scagnelli (1976, 1981), die hinsichtlich der Thematik der hypnotischen Beziehung zu Psychotikern und Borderline-Patienten einen pragmatischen und eher eklektischen Standpunkt vertreten. Sie weiteten ihre Erfahrungen nicht zu einer kohärenten Theorie aus, die im Widerspruch zur Theorie der Objektbeziehungen oder der der affektiven Entwicklung steht. Einige grundlegende Konzepte, wie die semi-symbiotische Bindung zwischen Patient und Therapeut und die Betrachtung der beiden als Einheit, die auch im Falle einer schweren Störung des Patienten gemeinsam eine adaptive Regression ausüben kann, liefern uns jedoch bedeutende neue Erfahrungen für die Anwendung der Hypnose bei dieser Art von Klienten. Mein theoretischer Ansatz im Hinblick auf die hypnotische Beziehung weist ebenso eklektische Züge auf. Ich halte diese Thematik für so kompliziert, daß sie nicht in lediglich einem einzigen theoretischen Bezugsrahmen wie dem der Psychoanalyse oder der Ich-Analyse erklärt werden kann. Überdies scheint jede Dimension dieser hypnotischen Beziehung nach verschiedenen psychologischen Gesetzen zu funktionieren, weshalb unterschiedliche Theorien verfügbar sein sollten, um einen Zugang zu jeder dieser Dimensionen zu ermöglichen. Im Rahmen des strategischen psychotherapeutischen Ansatzes, der an der Palo Alto School und im Zusammenhang mit der Ericksonschen Psychotherapie entwickelt wurde, läßt sich zum Beispiel die Herstellung der Kontrolle bei der Arbeit mit einem akut psychotischen Patienten sehr gut veranschaulichen. Hier handelt es sich um die zwischenmenschliche Dimension der hypnotischen Beziehung.

Aufgrund der Einzigartigkeit der hypnotischen Beziehung mit dieser Art von Patienten, schlage ich vor, den Begriff *„Counter-Trance“* einzuführen, um eine Technik zu definieren, die durch eine synchrone Gegeneinanderbewegung der Bewußtseinsebenen von Patient und Therapeut charakterisiert ist. Der Therapeut geht in eine leichte Trance, um den Patienten aus einer tieferen Stufe der pathologischen Trance „herauszuziehen“.

Das Konzept der Counter-Trance hilft uns dabei, auf dem Gebiet der Hypnose die Zusammenhänge zwischen der Bewußtseinspsychologie und der Theorie der Objektbeziehungen besser zu verstehen, indem eine intersubjektive Verbundenheit postuliert wird.

Die intersubjektive Verbundenheit besteht aus einem emotionalen Zusammenspiel, welches sich in der hypnotischen Trance in Form von Bildern und Gefühlen äußert, in dem Übergangs-Ich und Übergangsphänomenen, der gemeinsamen projektiven Identifizierung und dem Verlust des Zeitgefühls.

Dem intrasubjektiven Bereich sind im Rahmen der psychoanalytischen Theorie eher Phänomene der Ich-Pathologie zuzuordnen.

Aufgrund meiner klinischen Erfahrungen mit Psychotikern und Borderline-Patienten bin ich zu dem Schluß gekommen, daß die hypnotische Beziehung folgende Eigenschaften aufweisen sollte:

1. Sie gestattet, unbewußte mentale Repräsentationen zu erforschen.
2. Sie erweist sich als geeignet, prä-ödipale und ödipale Konflikte auf symbolische Art und Weise zu rekonstruieren.
3. Es kommt zu einem milden oder sanften Trauma, oder es stellt sich eine besondere Form von Wiederholungszwang ein, die den Prozeß des Durcharbeitens unterstützt.
4. Sie läßt sich auf flexible Weise handhaben und vermittelt Informationen über die Bedürfnisbefriedigung des Patienten, die bis zu diesem Zeitpunkt noch nicht durch die Technik des empathischen Widerspiegelns gewonnen werden konnten.
5. Während der Therapeut sich der unbewußten Phantasien des Patienten und seiner Gedanken auf der Ebene der Primärprozesse bedient, kann eine Verbindung zwischen der Theorie der affektiven Entwicklung und der Theorie der Objektbeziehungen hergestellt werden.

Um unterschiedliche therapeutische Ansätze zu verbinden, würde ich die Verwendung archaischer Symbole empfehlen, da diese die frühesten körperlichen, affektiven und kognitiven Erfahrungen in sich vereinen. Wenn archaische Symbole also die fehlenden Verbindungsglieder zwischen Therapie und kulturellem Erbe der Menschheit darstellen sollten, dann bestünde die Chance, daß der Therapeut in der Rolle des Heilers einen psychotischen Geist mit kulturellen Mitteln gesund machen könnte.

Literaturverzeichnis

Araoz, D.L. (1983). Transformation techniques of the new hypnosis. Medical Hypnoanalysis. July, 1983, 114-124.

Arieti, S. (1974). Interpretation of schizophrenia. New York: Basic Books, 1974.

Baker, E. (1981). An hypnotherapeutic approach to enhance object relatedness in psychotic patients. International Journal of Clinical and Experimental Hypnosis, 29 (2), 136-147.

Baker, E.L., Hulsey, T.L. & Glenn, M.B. (1990). Attitudes and practices regarding clinical hypnosis with psychotic patients – a survey: a brief communication. International Journal of Clinical and Experimental Hypnosis, 38 (3), 162-167.

Balint, M. (1968). The basic fault: Therapeutic aspects of regression. London: Tavistock.

Bányai, É.I., Gösi-Greguss, A.C., Vágó, P., Varga, K. & Horváth, R. (1990). Interactional approach to the understanding of hypnosis: Theoretical background and main findings. In : R. Van Dyck, Ph. Spinhoven, A.J. Van der Does, Y.R. Van Rood & W. De Moor, eds., Hypnosis: Current theory, research and practice, Amsterdam: V. U. University Press.

Benedetti, G. (1987). Psychotherapy of schizophrenia. New York: International Universities Press.

Beres, J., Joseph, E. (1970). The concept of mental representation in psychoanalysis. International Journal of Psychoanalysis, 51, 1-9.

Bettelheim, B. (1976). The uses of enchantment. New York: Knopff.

Brink, N.E. (1981). Hypnosis and Control. American Journal of Clinical Hypnosis, 24 (2), 109-116.

Brown, D.P. (1985). Hypnosis as an adjunct to the psychotherapy of the severely disturbed patients: an affective development approach. International Journal of Clinical and Experimental Hypnosis, 18 (4), 281-301.

Chertok, L. (1982). The unconscious and hypnosis. International Journal of Clinical and Experimental Hypnosis, 30 (2), 95-107.

Diamond, M.J. (1988). Accessing archaic involvement: Toward unraveling the mystery of Erickson's hypnosis. International Journal of Clinical and Experimental Hypnosis, 36 (3), 141-156.

Diószegi, V. (1978). Beliefs of pagan hungarian people. Budapest: Academy Press.

Edelstien, M.G. (1981). Trauma, Trance, and Transformation. New York: Brunnel/Mazel.

Edgette, J.H. (1986). „Dangerous to Self and Others": The management of acute psychosis using ericksonian techniques of hypnosis and hypnotherapy. Ericksonian Monographs. No. 3, 97-103.

Eliade, M. (1957). Das Heilige und das Profane. Hamburg: Rowohlt.

Erickson, M.H. (1964). A hypnotic technique for resistant patients: the patient, the technique and its rationale and field experiments. American Journal of Clinical

Hypnosis, 1964, 1, 8-32. [In: Haley, J. (ed.), Advanced Techniques of Hypnosis and Therapy. Selected Papers of Milton H. Erickson, M.D. Allyn and Bacon, Boston, 1967.]

Fairbairn, W.R.D. (1954). An object-relations theory of personality. New York, Basic Books.

Ferenczi, S. (1909). Introjection and transference. In: Contributions to Psycho-Analysis. New York: Dover Publications, 1956.

Ferenczi, S. (1915). The analysis of comparisons. In: Further contributions to the theory and technique of psychoanalysis. London: Hogarth, 1950.

Ferenczi, S. (1931). Child analysis in the analysis of adults. In: Final Contributions. New York: Basic Books, 1955.

Ferenczi, S. (1932). On Shock. In: Final Contributions to the Problems and Methods of Psychoanalysis. New York: Brunnel/Mazel, 1980.

Forgács, A. (1991). The fourth dimension, the unconscious, and the realm of gods. (Manuscript.)

Freud, S. (1916-1917). Introductory lectures in psychoanalysis. London, Allen & Unwin, 1922.

Fromm, E. (1972). Ego activity and ego passivity in hypnosis. International Journal of Clinical and Experimental Hypnosis, 20 (4), 238-251.

Fromm, E. (1978-79). Primary and secondary process in waking and in altered states of consciousness. Journal of Altered States of Consciousness, 4 (2), 115-128.

Fromm, E. (1984). Hypnoanalysis – With particular emphasis on the borderline patient. Psychoanalytic Psychology, 1 (1), 61-76.

Fromm, E. (1987). Psychoanalysis and hypnoanalysis: A professional study and a challenge. Psychoanalytic Psychology, 4 (3), 207-218.

Gill, M.M. & Brenman, M. (1959). Hypnosis and related states. Psychoanalytic Studies in Regression. New York: International Universities Press.

Gill, M.M. (1972). Hypnosis as an altered and regressed state. International Journal of Clinical and Experimental Hypnosis, 20 (4), 224-237.

Gordon, D. (1978). Therapeutic metaphors. Cupertino, California: META Publications 1978.

Gravitz, M.A. & Gerton, M.I. (1984). Hypnosis in the historical development of psychoanalytic psychotherapy. In: Wester and Smith (eds.). Clinical hypnosis – a multidisciplinary approach. Lippincott, Philadelphia, 1984.

Hamvas, B. (1944). Scientia Sacra. Budapest: Magvetö, 1988.

Haule, J.R. (1986). Pierre Janet and dissociation: The first transference theory and its origin in hypnosis. American Journal of Clinical Hypnosis, 29 (2), 86-95.

Heimann, P. (1950). On countertransference. International Journal of Psychoanalysis, 31, 81-84.

Haley, J. (1967). Advanced techniques of hypnosis and therapy. London: Allyn & Bacon.

Henderson, J.L. (1978). Ancient myths and modern man. In: Jung, C.G. (ed.). Man and his symbols. London: Picador.

Hilgard, E.R. (1977). Divided consciousness. New York: Wiley.

Horowitz, M.J. (1970). Image formation and cognition. London: Meredith.

Horton, P., Lovy, J.V. & Coppolilo, H.P. (1974). Personality disorders and transitional relatedness. Archives of General Psychiatry, 30, 229, 1974.

Jung, C.G. (1964). Approaching the unconscious. In: Man and his symbols, ed.: C.G. Jung. London: Picador, 1978.

Jung, C.G. (1973). Four Archetypes. Princeton: Bollingen Series.

Jung, C.G. (1961). Memories, dreams, reflexions. [Aniela Jaffé, ed.]. New York: Pantheon Books.

Jung, C.G. (1916). Über die Psychologie des Unbewußten. In: C.G. Jung: Gesammelte Werke 4. Olten: Walter, 1989.

Kane, J.M. (1988). Schizophrenia: Somatic treatment. In: Kaplan, H., Freedman, A. & Sadock, B. (eds.). Comprehensive textbook of psychiatry Vol. 2. London: Williams & Wilkins.

Kernberg, O.F. (1975). Borderline conditions and pathological narcissism. New York: Jason Aronson.

Kirmayer, L.J. (1988). Word magic and the rhetoric of common sense: Erickson's metaphors for mind. International Journal of Clinical and Experimental Hypnosis, 36 (3), 157-172.

Klein, M. (1946). Notes on some schizoid mechanisms. London: Hogarth Press, 1952.

Klein, M. (1948). Contributions to psychoanalysis. London: Hogarth Press.

Kohut, H. (1977). The restoration of the self. New York: International Universities Press.

Kohut, H. & Wolff, E. S. (1978). The disorders of the self and their treatment: an outline. International Journal of Psychoanalysis, 59, 413-428.

Kraepelin, E. (1919). Dementia praecox and paraphrenia. 8th ed. Edinburgh, E. & S. Livingston.

Kroger, W.S., Fezler, W.D. (1976). Hypnosis and behaviour modification: imagery conditioning. Philadelphia: Lippincott.

Kroll, J. (1988). The challenge of the borderline patient. New York: Norton.

Kunt, E. (1991). Searching for a shaman (Manuscript).

Laing, R.D. (1962). The divided self. Chicago: Quadrangle.

Lavoie, G., Elie, R. (1985). The clinical relevance of hypnotizability on psychosis: with reference to thinking processes and sample variances. In: Modern trends in hypnosis. (D. Waxman, P.C. Misra, M. Gibson & M.A. Basker, Eds), New York/ London: Plenum Press.

Leonhard, K. (1966). Aufteilung der endogenen Psychosen. 3. Aufl. Berlin: Akademie-Verlag.

Leuner, H. (1985). Lehrbuch des Katathymen Bilderlebens. Bern: Huber.

Levin, L.A., Harrison, R.H. (9176). Hypnosis and regression in the service of the ego. International Journal of Clinical and Experimental Hypnosis, 24 (4), 400-418.

Mahler, M. (1972). On the first three sub-phases of the separation individuation process. International Journal of Psychoanalysis, 53, 333.

Masterson, J.F. & Rinsley, D.B. (1975). The borderline syndroma: the role of the mother in the genesis and psychic structure of the borderline personality. International Journal of Psychoanalysis, 56, 163.

McGlashan, Th. (1988). Schizophrenia: Psychodynamic theories. In: Kaplan, H., Freedman, A. & Sadock, B.J. (eds.). Comprehensive textbook of psychiatry. Vol. 2. London: Williams & Wilkins.

Merkur, D. (1984). The nature of the hypnotic state: a psychoanalytic approach. International Review of Psychoanalysis, 11, 345-354.

Modell, A.H. (1975). A narcissistic defence against affects and the illusion of self-sufficiency. International Journal of Psychoanalysis, 56, 275-282.

Murray-Jobsis, J. (1984). Hypnosis with severely disturbed atients. In: Wester & Smith (eds.). Clinical hypnosis – a multidisciplinary approach. Philadelphia: Lippincott.

Murray-Jobsis, J. (1985). Exploring the schizophrenic experience with the use of hypnosis. American Journal of Clinical Hypnosis, 1985 (1), 28, 34-42.

Murray-Jobsis, J. (1988). Hypnosis as a function of adaptive regression and of transference. American Journal of Clinical Hypnosis, 30 (4), 241-247.

Nash, M.R. (1988). Hypnosis as a window on regression. Bulletin of the Menninger Clinic, 52, 383-403.

Ogden T.H. (1982). Projective identification and psychotherapeutic technique. New York: Jason Aronson..

Pető, F. (1970). Cosmic psychology. Houston, Texas: Yates, 1976.

Roheim, G. (1932). Psycho-analysis of primitive cultural Types. International Journal of Psychoanalysis, 13, 1-223.

Sarbin, T.R. & Coe, W.C. (1972). Hypnosis: A Social-Psychological Analysis of Influence Communication. New York. Holt, Rinehart, Winston.

Scagnelli, J. (1975). Therapy with eight schizophrenic and borderline patients: Summary of a therapy approach that employs a semi-symbiotic bond between patient and therapist. Journal of Clinical Psychology, 31, 519.

Scagnelli, J. (1976). Hypnotherapy with schizophrenic and borderline patients: Summary of therapy with eight patients. American Journal of Clinical Hypnosis, 19 (1), 33-38.

Scagnelli, J. (1980). Hypnotherapy with psychotic and borderline patients: The use of trance by patient and therapist. American Journal of Clinical Hypnosis, 22 (3), 164-169.

Schwartz, D.P. (1988). Schizophrenia: Individual psychotherapy. In: Kaplan, H., Freedman, A. & Sadock, B.J. (eds.). Comprehensive textbook of psychiatry. Vol. 2. London: Williams & Wilkins.

Sechehaye, M. (1951). Symbolic Realization. New York: International Universities Press.

Sherman, S.J. (1988). Ericksonian psychotherapy and social psychology. Swedish Journal of Hypnosis in Psychotherapy and Psychosomatic Medicine, 15 (1), 20-41.

Smith, A.H. (1981). Object relations theory and family systems: toward a reconceptualization of the hypnotic relationship. Psychotherapy: Theory, Research and Practice, 18 (1, Spring), 54-67.

Smith Jr., A.H. (1984). Sources of efficacy in the hypnotic relationship – An object relations approach. In: Wester & Smith (eds.). Clinical hypnosis – a multidisciplinary approach. Philadelphia: Lippincott.

Stricherz, M.E. (1984). Ericksonian Theories of Hypnosis and Induction. In: Wester and Smith (eds.). Clinical Hypnosis – a multidisciplinary approach. Lippincott. Philadelphia, 1984.

Thomä, H. & Kächele, H. (1985). Lehrbuch der psychoanalytischen Therapie. Berlin/ Heidelberg: Springer.

Vas, J. (1990). Mutually projective identification as a special way of communication between the schizophrenic patient and the therapist during hypnotherapy. Paper presented at the 5th European Congress of Hypnosis in Psychotherapy and Psychosomatic Medicine. Aug. 18-24., Konstanz, Germany.

Watzlawick, P., Weakland, J.H. & Fisch, R. (1974). Change: Principles of problem formation and problem resolution. New York: Norton.

Werner, T.R. (1984). Hypnosis in Psychiatry. In: Wester & Smith (eds.). Clinical Hypnosis – a multidisciplinary approach. Lippincott: Philadelphia.

Winnicott, D.W. (1953). Transitional objects and transitional phenomena. In: Collected Papers. Through Pediatrics to Psychoanalysis. New York: International Universities Press, 1975.

Winnicott, D.W. (1962). Early ego integration. In: The Maturational Processes and the Facilitating Environment. New York, International Universities Press, 1965.

Winnicott, D.W. (1969). The use of an object. International Journal of Psychoanalysis, 50, 711-716.

Zeig, J.K. (1980a). Symptom prescription and Ericksonian principles of hypnosis and psychotherapy, American Journal of Clinical Hypnosis, 23 (1), 16-22.

Zeig, J.K. (1980b). Symptom prescription techniques: Clinical applications using elements of communication. American Journal of Clinical Hypnosis, 23 (1), 23-33.

Zeig, J.K. (1985). Experiencing Erickson. New York: Brunner/Mazel.

Zindel, J.P. (1990). Hypnosis in the psychotherapy of schizophrenic and borderline patients. Paper presented at the 5th European Congress of Hypnosis in Psychotherapy and Psychosomatic Medicine. Aug. 18-24., Konstanz, Germany.

Sachregister

Psychoanalyse von A bis Z

Wolfgang Mertens

Kompendium psychoanalytischer Grundbegriffe

1992, 338 Seiten, Hardcover
(Quintessenz Lexikon)
ISBN 3-86128-124-4
Verlagsbestellnummer 5124

Zum Buch

Seit dem Erscheinen des „Vokabulars der Psychoanalyse" von Laplanche und Pontalis im Jahre 1972 haben sich in der Psychoanalyse auf vielen Gebieten grundlegende Wandlungen vollzogen. Vielleicht liegt es gerade an diesen Veränderungen, daß seitdem nicht mehr als eine Handvoll Lexika oder lexikonartiger Übersichten zu den Grundlagen der Psychoanalyse erschienen ist. Um so größer ist zugleich der Bedarf nach einem Werk, das diese Entwicklungen der Psychoanalyse nach Freud in übersichtlicher Form zusammenfaßt.
Das vorliegende „Kompendium psychoanalytischer Grundbegriffe" bringt zu zahlreichen wichtigen psychoanalytischen Konzepten nicht nur eine aktuelle Begriffsdefinition, sondern auch einen Überblick über die Geschichte der Begriffe und ihre Weiterentwicklungen. Behandelt werden klinische, entwicklungspsychologische, methodologische, behandlungstechnische und psychoanalytisch-sozialpsychologische Bereiche.
Ausführlicher als ein Lexikon und kompakter als ein Handbuch, geben die einzelnen Beiträge eine Fülle von Informationen und regen zur weiteren Beschäftigung und Auseinandersetzung mit dem jeweiligen Thema an. Jeder Beitrag wird ergänzt durch eine Liste von Literaturempfehlungen, die nicht nur deutsche Publikationen, sondern auch die schwerer zugängliche angelsächsische Literatur berücksichtigen.
So ist dieses Werk in idealer Weise dazu geeignet, einen schnellen, umfassenden Überblick über grundlegende psychoanalytische Konzepte und deren aktuelle wissenschaftliche Diskussion zu geben.

Quintessenz Verlags-GmbH, München